100 DAYS WILL POWER DIARY

100일 완성 근성 다이어리

| 나티배 지음 |

어차피 '근성' 싸움이다!
나를 붙들어주는 힘

안녕하세요. 나티배입니다.

'수학책 집필, 대한민국 스타 강사, 몸짱, 결혼…'

10년 전 다이어리에 적어두었던 저의 '꿈 리스트'입니다. 그로부터 10년 후, 지방 소도시 작은 학원의 수학강사였던 저는 노량진 최단기 마감 강사로 성장했고, 제 이름으로 된 수학책을 출간했으며 현재 스카이에듀와 수학일치의 대표강사로 학생들을 가르치고 있습니다. 물론, 몸짱이라는 목표도 달성했고 결혼도 하여 가장으로서의 행복도 누리고 있습니다.

10년 전, 다이어리에 꿈들을 꾹꾹 눌러 쓰던 제 손에는 절실함이 가득했습니다. '기필코 이 작은 곳을 벗어나 내 실력을 마음껏 펼치고, 수학강사로서 한 획을 그으리라.' 절실함을 품은 꿈들이 현실로 실현되기까지 저는 하루도 빠지지 않고 다이어리를 썼고, 이미 성공한 사람들의 수많은 이야기들을 뼛속 깊이 새기며 읽었습니다. '이쯤 됐다' 싶어 그만하고 싶을 때 한 번 더 쓰고, 한 번 더 읽으며 '근성'을 키웠습니다.

여러분,

꿈을 꿀 수 있다는 것은 꿈을 이룰 수 있다는 뜻입니다.

할 수 있다고 생각하는 일은 실제로 할 수 있는 일입니다.

단 하나, '포기하지 않는 근성'만 가지고 있다면 그것이 무엇이든 여러분은 이룰 수 있습니다.

제 삶을 통해 실현한 '근성'과 '다이어리'의 기적을 여러분과 공유하고자 합니다. 이미 '근성 다이어리'를 통해 많은 학생들이 저와 함께 꿈을 이루었고, '쓰는 기적'을 이루어냈습니다. 이 다이어리를 펼친 여러분은, 이미 근성을 가진 셈입니다. 누구와 어떤 싸움에서도 질 수 없는 무기를 가졌습니다.

100일 동안 여러분은 목표를 적고 실천하고 이루어낼 것입니다. 물론 혼자가 아니라, 저 나티배와 함께입니다. 처음과 달리 힘이 들 땐 응원할 것이고 자만해질 땐 따끔하게 정신이 들도록 일침을 날릴 것입니다.

그렇게 오르락내리락, 울고 웃으면서 포기하지 않고 완성한 100일의 기쁨이 어떤 것인지 보여드리겠습니다.

근성이 삶을 어떻게 바꾸는지 증명해드리겠습니다.

자, 시작합시다.

근성!

여러분의 건투를 빌며

나티배

근성 다이어리 사용법

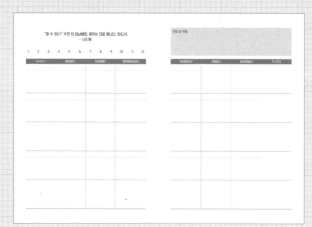

STEP1

월 단위 계획

이번 달을 크게 한번 봅시다.
시험, 수행평가 제출일 등 중요한 날이 어디쯤 있는지 체크하고 개괄적인 한 달의 그림을 그려보는 시간입니다.

🏠 이번 주 목표

STEP2

주 단위 계획

이번 주에 꼭 해야 할 일들을 적어봅시다. 너무 자세히 적을 필요는 없습니다. 주력할 과목과 대략적인 내용 정도면 됩니다. 한눈에 보일 수 있도록 간단히 적는 것이 중요합니다.

DAY 1 20

출발하기 위해 위대해질 필요는 없지만
위대해지려면 출발부터 해야 한다.
- 레스 브라운

할 일 우선순위			시간대별 계획		
순위	내용	체크	시간	내용	체크
1					
2					
3					
4					
5					
6					

세부 계획	
과목	교과/분량

❶ ❷ ❸

하루 단위 계획

이번 주 목표 리스트를 바탕으로 이제 하루 단위로 할 일을 계획하는 단계입니다.

오늘 할 일 중에서도 가장 중요도가 높은 것부터 순위별로 적습니다. 반드시 해야 할 일부터. 알아볼 수 있을 정도로만 간단히 쓰세요.

할 일 리스트가 중요도에 따라 정해졌다면, 이제 구체적으로 적습니다. 과목, 공부할 교재, 분량 등 목표량을 최대한 구체화하세요.

할 일들의 구체적인 범위가 정해졌으면, 이제 오늘 하루에 어떻게 배치하여 클리어할지 시간대별 계획을 짜봅시다. 시간은 30분 단위로 잘라 기입하면 좋습니다. (ex. 6:30~7:00)

하루의 마무리

하루하루 반드시 그날을 잘 정리하고 돌아보는 시간을 갖습니다.

오답도 좋고, 외워지지 않았던 공식도 좋고, 토막 암기도 좋습니다. 오늘 하루 "이거 하나는 완벽하게 내 것으로 하고 간다!"라는 생각으로 기록해두세요. 겨우 하나, 작아 보이지만 100일째에는 100개가 쌓입니다.

오늘 하루 돌아보는 시간입니다. 공부에 관한 것도 좋고 마음에 관한 것도 좋고 무엇이든 좋습니다. 나와 대화하는 시간을 아주 잠깐이라도 가져보세요.

오늘은 뭔가 아니한!

❶

나에게 한마디
출발점은 누구에게나 주어지지만 시작한다는 용기는 아무나 가지고 있지 않습니다. 일단 시작한 여러분은 이미 훌륭합니다. 이 시작과 에너지를 잘 기억하세요. 우리는 앞으로 종종 이 날, 이 순간 가졌던 용기를 기억해야 할 것입니다.

나의 기록

❷

시작의 한 주를 무사히 마친
당신에게 박수를!

수고하셨습니다!
이번 한 주 어떠셨나요? 각 칸에 자세에 결의에 찬 눈빛이 반짝반짝하신가
요? 아직 적응이 안 된 분들을 어마 좀 버겁다고 느꼈을 수도 있겠네요.
어떤 쪽이든 좋습니다.
이번 주는 일단 '시작'했다는 것. 그리고 자신이 어느 정도 해낼 수 있는
지, 현재의 역량이 어느 정도인지 파악했다는 것. 이 두 가지 사실만으로
도 충분한 한 주였습니다.
총량을 10으로 보았을 때, 아직 내 공부 근력은 4일 수도 6일 수도 있습
니다. 3이어도 좋습니다. 3이라는 것은 아는 것이 중요합니다. 그렇다면
다음 주에는 내 역량에 맞추어 3으로 계획을 잡고 달성해봅시다. 그리고
그 다음 주에 살짝 4로 올리는 식으로 가는 겁니다. 여기서 중요한 것! 아
마 시작하지 않았으면 내 역량이 3인지 4인지조차 몰랐겠죠. 이게 바로
'시작'의 위대함입니다.
'시작'을 무사히 해낸 자신에게 박수를 쳐주세요.

STEP5
나티배 생각

일주일을 열심히 달려온 나에게 고농축
영양제 같은 시간을 줄 차례입니다.
지금껏 수많은 학생들이 결실을 맺을 수
있도록 근성을 심어준 '나티배 생각'입니
다. 경험과 노하우가 담긴 짧은 글은 지
친 몸과 마음에 에너지를 주고, 근성의
힘을 키워줄 것입니다.

삶 속의 수학

수학 : 물건을 헤아리거나 측정하는 것에서 시작되는 수·양에 관한 학문이다.
다른 학문의 기초가 되기도 하며, 인류 역사상 가장 오래전부터 발달해온 학문이다.

수포자 수치가 60%를 웃돌자 국가에서 수학문제를 쉽게 출제하는 방향을 해법으로 택
했는데요. 과연 올바른 방법일까요? 담배 값을 올린다고 흡연율이 떨어지지 않는 것처럼
수학 문제가 쉬워진다고 해서 사람들이 수학을 좋아하게 되는 것은 아니겠죠.
과정을 즐겁게 만들면 어떨까요. 무조건 공식을 외우는 게 아니라 그 공식이 왜 나오게
되었는지, 어떻게 쓰이는지 알면 수학은 (어렵지만) 재밌습니다. 이유를 알면 즐겁습니다.
공부도 그렇고 인생도 그렇습니다. 그냥 해야 해서 하는 게 아니라, 이유를 알면 즐거워
요. 매주 하나씩 '삶 속의 수학'을 통해 재미있게 생각하고, 인생을 즐겁게 살아봅시다.

STEP6
삶 속의 수학

수학 용어로 들여다보는 삶의 법칙을 이야기합니다. 잠깐 쉬어
가는 마음으로 읽어보면서, 내일 할 공부 생각은 잠시 접고 앞으
로 펼쳐질 내 삶에 대한 생각을 잠깐 해보면 어떨까요?
수학 용어를 자연스럽게 익힐 수 있는 것은 덤입니다.

이번 주 목표 체크

한 주를 시작하며 '이번 주 목표'에 적었던 것들을 다시 돌아보고 달성한 것과
아닌 것을 체크해봅시다. 달성하지 못한 계획들은 빠트리지 말고 챙겨서 다음
주 목표 리스트에 함께 구성해 넣는 것이 좋습니다. 공부에 구멍이 생기지 않게
하고, 일단 하기로 한 것들은 해내고 넘어가세요.

┌───┐
│   이번 주 목표 체크   │
│   │
│   ✓ _____ │
│   _____ │
│   ✓ _____ │
│   _____ │
│   ✓ _____ │
│   _____ │
│   ✓ _____ │
│   _____ │
└───┘

100DAYS

근성으로 가는 길

99일 끝날 때까지 끝난 게 아니다

100일 내 인생 첫 완성

"할 수 있다!" 수천 번 되뇌세요. 말하는 대로 됩니다. 반드시!
- 나티배

| 1 | 2 | 3 | 4 | 5 | 6 | 7 | 8 | 9 | 10 | 11 | 12 |

SUNDAY	MONDAY	TUESDAY	WEDNESDAY

THURSDAY	FRIDAY	SATURDAY	주간목표

가진 것이 아니라 가질 것에 집중하세요.
- 나티베

| 1 | 2 | 3 | 4 | 5 | 6 | 7 | 8 | 9 | 10 | 11 | 12 |

SUNDAY	MONDAY	TUESDAY	WEDNESDAY

이번 달 목표

THURSDAY	FRIDAY	SATURDAY	주간목표

일단 할 수 있는 데. 갈 수 있는 데까지 가보십시오.
- 나티배

| 1 | 2 | 3 | 4 | 5 | 6 | 7 | 8 | 9 | 10 | 11 | 12 |

SUNDAY	MONDAY	TUESDAY	WEDNESDAY

이번 달 목표

THURSDAY	FRIDAY	SATURDAY	주간목표

우리의 최종 목표는 성공이 아닌 성장입니다.
- 나티배

| 1 | 2 | 3 | 4 | 5 | 6 | 7 | 8 | 9 | 10 | 11 | 12 |

SUNDAY	MONDAY	TUESDAY	WEDNESDAY

이번 달 목표

THURSDAY	FRIDAY	SATURDAY	주간목표

1 week

일단 시작

100일의 출발선에 섰습니다.
출발선에 선 것만으로도
우리는 이미 큰 것을 해냈습니다.
이번 주는 '시작'한다는 위대함과 설렘을 가지고.
함께 해봅시다.
잊지 마세요. 당신은 혼자 가지 않습니다.
저 나티배 그리고
출발선에 선 많은 동료들이 있으니까요.
벌써부터 너무 멀리 있는 100일의 끝을 보지 마시고.
'시작'하는 이번 한 주만 생각합시다.
자, 그럼 출발합시다.

큰 나무도 가느다란 가지에서 시작되는 것이며,
10층탑도 작은 벽돌을 하나씩 쌓아올리는 데에서 시작되는 것이다.
마지막에 이르기까지 처음과 마찬가지로
주의를 기울이면 어떤 일도 해낼 수 있을 것이다.

- 노자

🏠 이번 주 목표

DAY 1

20 . . .

出발하기 위해 위대해질 필요는 없지만
위대해지려면 출발부터 해야 한다.
- 레스 브라운

할 일 우선순위			시간대별 계획		
순위	내용	체크	시간	내용	체크
1					
2					
3					
4					
5					
6					

세부 계획					
과목	교재/분량				

냐티배 한마디

출발선은 누구에게나 주어지지만 시작하는 용기는 아무나 가지고 있지 않습니다. 일단 시작한 여러분은 이미 훌륭합니다. 이 시작의 에너지를 잘 기억하세요.
우리는 앞으로 종종 이 날, 이 순간 가졌던 용기를 기억해내야 할 것입니다.

나의 기록

DAY 2

20 . . .

성공의 비결은 시작에 있다.
시작의 비결은 아무리 복잡한 문제라도 작은 조각으로 나누어
첫 조각부터 시작하는 데 있다.
- 마크 트웨인

할 일 우선순위			시간대별 계획		
순위	내용	체크	시간	내용	체크
1					
2					
3					
4					
5					
6					

세부 계획	
과목	교재/분량

조립식 가구를 조립할 때는, 완성 도면을 되도록 보지 않는 것이 좋습니다. '내 앞에 있는 건 수많은 나사와 작대기, 번호들뿐인데 이게 저렇게 된다고?' 계속 막막하고 손 댈 엄두가 안 나죠.
완성도 말고, 일단 1단계에서 찾으라는 나사를 찾으세요. 찾고 나면 그 다음 단계를 보세요. 그렇게 계속 '그다음 단계'로만 잘 나아가면 됩니다.

나의 기록

DAY 3

🏃 ●•●•●•●•●•●•●•●•●•●•●•●•●•● 20　.　.　.

시작하는 데 있어 나쁜 시기란 없다.
- 프란츠 카프카

할 일 우선순위			시간대별 계획		
순위	내용	체크	시간	내용	체크
1					
2					
3					
4					
5					
6					

세부 계획					
과목	교재/분량				

나티배 한마디

'본격적인' 공부를 시작하는 데에는 참 많은 준비가 필요해 보입니다. 일단 마음을 먹고, 목표를 세우고, 계획을 짜고, 책상을 정리하고… 그러다 보면 어느새 지쳐서 '시작'은 내일의 몫이 될 때가 많죠.
그러지 말고, 일단 시작하십시오. 당장 할 일 목록을 빠르게 정리해 쓰고 책을 펼치세요. 지금 시작하면 아무것도 늦지 않습니다.

나의 기록

DAY 4

사람들은 할 수 있다고 생각하기 시작할 때
가장 비범한 모습을 보이게 된다.
자기 자신을 믿을 때 성공의 첫 번째 비결을 갖게 되는 것이다.
- 노먼 빈센트 필

할 일 우선순위			시간대별 계획		
순위	내용	체크	시간	내용	체크
1					
2					
3					
4					
5					
6					

세부 계획	
과목	교재/분량

자기 자신에 대해 한 치의 의심도 갖지 말길 바랍니다. '내가 할 수 있을까?' '근성 같은 건 독한 애들 얘기 아냐?'라는 생각이 조금이라도 켜져 있다면 지금 당장 꺼버리세요.
그런 의심을 단번에 끌 수 있는 방법은 이겁니다. '나는 할 수 있다' '난 한다면 하는 사람이다'라는 말만 되뇌는 것. 수백 번, 수천 번 반복해서 되뇌세요.

나의 기록

DAY 5

20 . . .

일단 결정이 내려지면
염려하기를 멈추고
일하기를 시작한다.
- 윌리엄 제임스

할 일 우선순위			시간대별 계획		
순위	내용	체크	시간	내용	체크
1					
2					
3					
4					
5					
6					

세부 계획					
과목	교재/분량				

나티빼 한마디

우선순위를 매겨 할 일 리스트를 만들고 공부할 교재와 분량을 정하고 시간대별로 할 일을 집어넣고… 공부하기 전 다이어리의 빈칸을 채우는 데는 분명 시간이 좀 듭니다.
하지만 이 시간은 후에 더 많은 시간 낭비를 철저히 막아줍니다. 헛수고도 줄여줍니다. 시간을 투자해서 계획이 완료되면, 다른 고민 없이 그저 이 계획대로 행동하기만 하면 됩니다.

나의 기록

DAY 6

20 . . .

벗이여, 누구도 다시 돌아가서 새로운 시작을 할 수는 없지만
누구나 지금부터 시작해서
새로운 마무리를 할 수는 있다네.
- 카를 바르트

할 일 우선순위		
순위	내용	체크
1		
2		
3		
4		
5		
6		

세부 계획	
과목	교재/분량

시간대별 계획		
시간	내용	체크

나티빠 한마디

때때로 '아, 좀 일찍부터 이렇게 해볼 걸'이라고 생각할지 모르겠습니다. 하지만 그래봤자 지나간 시간입니다. 중요한 것은 우리는 이제 시작했고, 시작한 이상 멈추지 않고 앞으로 나아갈 것이라는 사실입니다. 그러니 아무것도 후회할 것이 없고 돌아볼 필요도 없습니다. 근성을 믿고 앞만 바라봅시다.

나의 기록

DAY 7

🏃 •••••••••••••••••••••••••••••• 20 . . .

위대한 모든 변화는
차례로 쓰러지는 도미노처럼 시작된다.
- B.J. 손턴

순위	내용	체크	시간	내용	체크
	할 일 우선순위			**시간대별 계획**	
1					
2					
3					
4					
5					
6					

과목	교재/분량			
	세부 계획			

근성 트레이닝의 첫 주가 무사히 지나가고 있습니다. 의욕 충만한 지금의 에너지를, 절실한 마음을 '나의 기록'에 적어봅시다.
단순해 보이는 이 계획과 실천의 반복이 앞으로 우리를 어떻게 변화시킬지 기대해도 좋습니다.

나의 기록

시작의 한 주를 무사히 마친
당신에게 박수를!

수고하셨습니다!

이번 한 주 어떠셨나요? 각 잡힌 자세에 결의에 찬 눈빛이 반짝반짝한가요? 아직 적응이 안 된 분들을 아마 좀 버겁다고 느꼈을 수도 있겠네요. 어느 쪽이든 좋습니다.

이번 주는 일단 '시작'했다는 것. 그리고 자신이 어느 정도 해낼 수 있는지, 현재의 역량이 어느 정도인지 파악했다는 것. 이 2가지를 얻은 것만으로도 충분한 한 주였습니다.

총량을 10으로 보았을 때, 아직 내 공부 근력은 4일 수도 6일 수도 있습니다. 3이어도 좋습니다. 3이라는 것을 아는 것이 중요합니다. 그렇다면 다음 주에는 내 역량에 맞추어 3으로 계획을 잡고 달성해봅시다. 그리고 그 다음 주에 살짝 4로 올리는 식으로 가는 겁니다. 여기서 중요한 것! 아마 시작하지 않았으면 내 역량이 3인지 4인지조차 몰랐겠죠. 이게 바로 '시작'의 위대함입니다.

'시작'을 무사히 해낸 자신에게 박수를 쳐주세요.

수학 : 물건을 헤아리거나 측정하는 것에서 시작되는 수·양에 관한 학문이다. 다른 학문의 기초가 되기도 하며, 인류 역사상 가장 오래전부터 발달해온 학문이다.

수포자 수치가 60%를 웃돌자 국가에서 수학문제를 쉽게 출제하는 방향을 해법으로 택했는데요. 과연 올바른 방법일까요? 담배 값을 올린다고 흡연율이 떨어지지 않는 것처럼 수학 문제가 쉬워진다고 해서 사람들이 수학을 좋아하게 되는 것은 아니겠죠.
과정을 즐겁게 만들면 어떨까요. 무조건 공식을 외우는 게 아니라 그 공식이 왜 나오게 되었는지, 어떻게 쓰이는지 알면 수학은 (어렵지만) 재밌습니다. 이유를 알면 즐겁습니다. 공부도 그렇고 인생도 그렇습니다. 그냥 해야 해서 하는 게 아니라, 이유를 알면 즐거워요. 매주 하나씩 '삶 속의 수학'을 통해 재미있게 생각하고, 즐겁게 인생을 살아봅시다.

이번 주 목표 체크

✓

✓

✓

✓

2week

길을 비춰주는 목표

우리 미래는 너무 불안합니다.
알 수 없기 때문이죠. 안개가 잔뜩 낀 길 위에
서 있는 것처럼 막막합니다.
이럴 땐, 정신을 차리고 일단 바로 한 발을 내딛는
게 중요합니다. 먼 곳을 보면 당연히 아득하지만,
한 걸음 앞은 괜찮죠. 이때 손전등이 있으면 실수로
잘못 디딜 일이 없습니다.
바로 한 발 내딛을 곳을 비춰주는 것.
손에 꼭 쥔 손전등이 바로 목표입니다.
하루의 목표는 하루 나아가게 하고
일주일의 목표는 일주일 나아가게 합니다.
그렇게 한 달 목표 그리고 100일 목표…
손전등을 꼭 쥐고 용기 있게 발걸음을 내딛어봅시다.
이번 주도 화이팅입니다!

내 성공의 75%는 목표 설정에서 비롯되었다.
목표를 명확하게 설정하면 그 목표는 신비한 힘을 발휘한다.
달성 시한을 정해놓고 매진하는 사람에게는
오히려 목표가 다가온다.

- 폴 마이어

🏠 이번 주 목표

DAY 8

당신의 목표를 다 말하라.
나는 모호하거나 의심스러운 것을 좋아하지 않는다.
- 월터 스콧

할 일 우선순위			시간대별 계획		
순위	내용	체크	시간	내용	체크
1					
2					
3					
4					
5					
6					

세부 계획	
과목	교재/분량

오늘은 이거 하나만!

나티쌤 한마디

목표로 하는 대학이나 점수가 있다면, 되도록 주변에 말하고 다니세요. 단, 구구절절한 설명 대신 딱 한 문장으로 말할 수 있게 스스로 명확히 정립한 후에 말이죠. 그러다 보면 어느새 주변 사람들은 내가 당연히 그것을 해낼 거라고 여기게 되고, 나 역시 그렇게 됩니다. 그런 확신은 근성을 더 단단하게 만들어줍니다.

나의 기록

DAY 9

20 . . .

바라볼 수 없는 표적은 맞출 수 없으며
가지지도 않은 표적을 바라볼 수는 없다.
- 지그 지글러

할 일 우선순위			시간대별 계획		
순위	내용	체크	시간	내용	체크
1					
2					
3					
4					
5					
6					

세부 계획	
과목	교재/분량

나티배 한마디

한 사내가 매일 같이 신에게 기도를 올렸습니다. "신이시여, 로또 1등에 당첨되게 해주세요. 제발!" 사내의 기도가 너무 간절하여 신께서 말하기를 "사내야, 로또를 사고 기도해. 제발!"
로또도 사지 않고 로또 1등 당첨을 바라고 있진 않은지 한 번 돌이켜보길 바랍니다.

나의 기록

DAY 10

원하는 것도. 인생의 목적도 없는 사람들에게
행복한 일은 일어나지 않는다.
행운은 그들에게서 아무 의도도 발견할 수 없기에
그들 곁을 지나쳐버린다.
- 탈무드

할 일 우선순위			시간대별 계획		
순위	내용	체크	시간	내용	체크
1					
2					
3					
4					
5					
6					

세부 계획				
과목	교재/분량			

나트배 한마디

행운은 준비된 자에게 찾아온다는 말이 있는데, 이 말은 '행운은 누구에게나 오지만 준비된 자만이 그 행운을 알아보고 잡는다'라는 의미이기도 합니다.
준비된 사람은 평범한 일도 행운처럼 좋은 일로 만들 수 있으니까요.

나의 기록

DAY 11

어디로 가고 있는지 모르면
당신은 결국 가고 싶지 않은 곳으로 가게 된다.
- 요기 베라

할 일 우선순위			시간대별 계획		
순위	내용	체크	시간	내용	체크
1					
2					
3					
4					
5					
6					

세부 계획				
과목	교재/분량			

나티빼 한마디

자기 주관이 희미해서 늘 다른 사람이 하자는 대로 하는 친구들이 있죠. '난 아무 거나 괜찮아'라고 말하면 결국 다른 누군가가 원하는 것을 할 수밖에 없습니다. 인생도 공부도 마찬가지입니다. 내 목표가 뚜렷하지 않은 채 달리다보면, 내가 전혀 원하지 않았던 곳에 서 있게 됩니다.

나의 기록

DAY 12

20 . . .

보이는 곳까지 나아가라.
그곳에 도달하면 더욱 멀리 보일 것이다.
- 오리슨 스웨트 마든

할 일 우선순위			시간대별 계획		
순위	내용	체크	시간	내용	체크
1					
2					
3					
4					
5					
6					

세부 계획					
과목	교재/분량				

나티배 한마디

뭐든 한번에 다 이루려고 들지도 말고, 다 이룬 곳의 목표를 바라보지도 마세요. 목표는 어디 안 갑니다. 그러니 잠시 거기에 두고, 우리는 바로 한 단계, 다음 단계까지만 가면 됩니다. 그리고 거기에 가서 또 다음 단계를 보세요. 그렇게 가다보면 멀리 있던 목표가 어느새 마지막 다음 단계로 와 있을 것입니다.

나의 기록

DAY 13

과학의 가장 기본이 되는 아이디어는 절대 단순해야 하고,
모두가 이해할 수 있는 표현이어야 한다.
- 아인슈타인

할 일 우선순위			시간대별 계획		
순위	내용	체크	시간	내용	체크
1					
2					
3					
4					
5					
6					

세부 계획					
과목	교재/분량				

나티빼 한마디

과학과 목표의 공통점입니다. 단순 명료하고 누구에게나 딱 한마디로 말할 수 있어야 합니다. 그만큼 내 머릿속에서 수십, 수백 번 생각하며 정리해보았다는 뜻이니까요. 적어도 이 정도는 되어야 목표가 내 것이 됩니다.

나의 기록

DAY 14

🏃 .... 20 . . .

많은 사람들이 정해진 시간을 한 가지 방향으로만 사용하고
한 가지 목표에만 집중한다면 그들은 성공할 것이다.
문제는 사람들이 다른 모든 것을 포기하고 매달리는
단 한 가지 목표를 갖고 있지 못하다는 것이다.
- 에디슨

할 일 우선순위			시간대별 계획		
순위	내용	체크	시간	내용	체크
1					
2					
3					
4					
5					
6					

세부 계획					
과목	교재/분량				

나티배 한마디

내 모든 것을 걸고 매달릴 하나의 목표가 있다는 것은 엄청난 행운입니다. 물론 이 행운을 잡기 위해선 노력이 필요합니다. 내가 뭘 원하고 어느 방향으로 나아가야 할지 스스로 묻고 대답하기를 끊임없이 해야 가질 수 있는 것이기 때문입니다.

나의 기록

비교는 버리고
목표를 가지세요!

　거북이가 토끼를 이긴 이유는 뭘까요? 대부분 오만한 토끼가 낮잠을 잤기 때문이라고 생각하겠지만 진짜 이유는 따로 있습니다. 바로, 토끼는 거북이를 보고 달렸고 거북이는 '자신의 목표'인 결승점을 보고 달렸기 때문입니다. '토끼보다 더 빨리, 더 많이'가 아니라 그저 내 목표점을 향해 한발 한발 앞으로 나아갔던 것입니다.

성공하는 학생들은 마치 거북이 같습니다. 주변을 신경 쓰지 않고 어제의 나와 오늘의 나를 체크할 뿐이죠. 그리고 목표만을 되새깁니다.

주변의 시선, 남의 점수는 내 알 바가 전혀 아닙니다. 오직 나에게 집중하고 맹렬히 돌진할 목표를 가지세요. 그 목표는 되도록 구체적이고 현실적일수록 좋습니다. 잘 모르겠다면 일단 오늘 하루, 이번 한 주의 목표를 세워보세요. 그리고 그것만 보고 한발 한발 앞으로 나아가봅시다.

확률 : 하나의 사건이 일어날 수 있는 가능성을 수로 나타낸 것.

$$수학적 \ 확률 = \frac{특정 \ 사건의 \ 경우의 \ 수}{모든 \ 경우의 \ 수} \ 로 \ 나타낸다.$$

어떤 일에 성공할 확률은 늘 1/2입니다. 되거나 안 되거나 둘 중 하나죠. 이 불확실함은 우리에게 두려움을 줍니다.

그럼 되게 만드는 행동을 '지금'하면 됩니다. 주변을 보지 말고 자신에게 시선을 돌려보세요. 될 수 있고, 할 수 있는 일에 집중한다면 반드시 됩니다.

이 확신을 통해 우리에겐 자신감이 생기고, 그 자신감이 우리를 목표에 닿게 해줍니다.

이번 주 목표 체크

✓

✓

✓

✓

3week

단 하나의 습관

습관은 어떻게 만들어질까요?
뭔가를 '괜히'하다보면 그게 습관이 됩니다.
괜히 한두 번 먹던 야식이 어느새 안 먹으면
허전한 하루 일과가 되어버리는 것처럼요.
나쁜 습관에 비해 좋은 습관은 들이기 어렵지만,
어렵다는 생각을 접고 한번 괜히 해봅시다.
괜히 한번 목표를 적어보고
괜히 한번 계획을 체크해봅시다.
괜히 한번 수학문제 틀린 것은 오려서 붙여보고요.

혹시, 지금 하기 힘든 일이 있다면
'괜히' 해 본다는 생각으로
슬쩍 슬쩍 힘 들이지 말고 해보세요.
어느새 당신의 둘도 없는
좋은 습관이 되어 있을 것입니다.
이번 주에 좋은 습관 하나씩 만들고 가봅시다.

습관적으로 사용하는 말,
즉 삶의 감정을 묘사하기 위해 빈번히 사용하는 말을 바꾸는 것만으로도
생각하는 방식, 심지어 살아가는 방식을 변화시킬 수 있다.
자신의 삶을 바꾸고 더 나아가 운명을 개척하고자 한다면
말을 신중하게 선택하고,
사용할 수 있는 어휘의 폭을 넓히려 끊임없이 노력해야 한다.

- 앤서니 로빈스

이번 주 목표

DAY 15

습관보다 강한 것은 없다.
- 오비디우스

할 일 우선순위		
순위	내용	체크
1		
2		
3		
4		
5		
6		

시간대별 계획		
시간	내용	체크

세부 계획	
과목	교재/분량

나의 기록

DAY 16

20 . . .

우리가 반복적으로 하는 일이 결국 우리 자신이 된다.
따라서 탁월함은 행동이 아니라 습관이다.
- 아리스토텔레스

할 일 우선순위			시간대별 계획		
순위	내용	체크	시간	내용	체크
1					
2					
3					
4					
5					
6					

세부 계획				
과목	교재/분량			

나티빼 한마디

오늘의 나를 살펴봅시다. 장점도 있고 단점도 있죠. 그런데 그것들은 다 어디에서 왔을까요? 어제, 일주일 전, 한 달 전, 1년 전… 모든 어제의 합산이 바로 '오늘의 나'입니다. 모든 과거에 했던 행동들이 오늘의 나입니다. 지금 이 순간 역시 '오늘의 나'로 쌓이고 있습니다.

나의 기록

DAY 17

20 . . .

성공하는 이는 실패하는 이가
하기 싫어하는 것을 하는 습관이 있다.
- 에디슨

할 일 우선순위			시간대별 계획		
순위	내용	체크	시간	내용	체크
1					
2					
3					
4					
5					
6					

세부 계획					
과목	교재/분량				

나티배 한마디

상위권 성적을 유지하는 친구들을 면밀히 관찰해보세요. 수업 시간 태도라든가, 자율학습 시간 공부하는
모습이라든가 혹은 필기구를 쓰는 방식처럼 사소한 생활 습관…
그들이 당연하게 하고 있는 행동들 속에서 분명 다른 점이 보일 겁니다.

나의 기록

DAY 18

20 . . .

승자의 강점은 소질이나 재능이 아닌
오직 태도에 있다.
태도를 보면 그 사람의 성공을 가늠할 수 있는데
이런 태도는 아무리 많은 돈을 주어도 살 수 있는 것이 아니다.
- 데니스 웨이틀리

할 일 우선순위			시간대별 계획		
순위	내용	체크	시간	내용	체크
1					
2					
3					
4					
5					
6					

세부 계획					
과목	교재/분량				

나타쌤 한마디

개근상을 목표로 학교를 다니십시오. '아프더라도 학교에 나가서 아프자'라는 마음으로. 조금 미련스러워 보일 수 있지만, 그런 사소한 부분들이 성실함을 완성시키고 증명해줍니다. 성실함은 근성의 기본입니다.

나의 기록

DAY 19

20 . . .

걱정을 해서 걱정이 없어지면 걱정이 없겠네.
– 티베트 속담

할 일 우선순위			시간대별 계획		
순위	내용	체크	시간	내용	체크
1					
2					
3					
4					
5					
6					

세부 계획				
과목	교재/분량			

걱정이 많죠. 그런데 뭘 걱정하고 있는지, 언제 걱정이 많아지는지 잘 생각해보세요. 걱정이 많아지고 마음
이 무거워질 때는 대부분 '해야 할 일'을 하지 않았을 때입니다.
그러니, 내가 행동하면 대부분의 걱정은 사라집니다. 걱정하지 말고 움직이세요.

나의 기록

DAY 20

... 20 . . .

결국 우리 삶을 움직이는 것은 손입니다.
목표를 적어 책상 앞에 붙여두고 늘 큰 소리로 읽는 것.
그것이 바로 삶을 디자인하는 노하우입니다.
- 호아킴 데 포사다

할 일 우선순위			시간대별 계획		
순위	내용	체크	시간	내용	체크
1					
2					
3					
4					
5					
6					

세부 계획					
과목	교재/분량				

나티배 한마디

자신이 어느 대학, 어느 과에 가고 싶은지 당당하게 말하세요. 지금 성적으로 어려운 상위권이라 해도, 듣는
사람이 황당한 반응을 보이더라도 여기저기 말하고 다니세요.
그러다 보면 그 말에 대한 책임감이 생깁니다. 그리고 결코 포기할 수 없는 나의 진짜 꿈이 됩니다.

나의 기록

DAY 21

20 . . .

군대가 병사들에게 해줄 수 있는
최고의 복지는 훈련이다.
- 에르빈 롬멜

할 일 우선순위			시간대별 계획		
순위	내용	체크	시간	내용	체크
1					
2					
3					
4					
5					
6					

세부 계획				
과목	교재/분량			

나만의 한마디

여러분은 병사고 저는 훈련장교입니다. 저는 이 다이어리를 통해 여러분에게 최고의 복지를 드리고 있습니다. 이 다이어리는 여러분이 훈련에서 얻어갈 수 있는 최고의 무기, 바로 근성이라는 무기를 주고 극강의 병사로 만들어줄 것입니다.

나의 기록

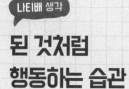

된 것처럼
행동하는 습관

습관은 가느다란 철사들과 같습니다. 하나씩은 별것 아니지만 이들이 계속해서 누적되며 엄청난 힘을 발휘하죠. 어떤 행동 하나가 습관이 되는 데 걸리는 기간에 대해서는 연구마다 다르지만, 그게 뭐든 100일 동안 계속한다면 그건 반드시 습관이 됩니다. 오늘 좋은 습관 하나 얻고 갑시다. 뭔가 이미 된 것 같은 기분을 하루 5분씩 느껴보는 겁니다.

실제로 제가 가르치던 학생들 중에 목표하던 대학에 진학한 친구들이 이렇게 하더군요. 하루를 시작하는 새벽 시간이나 마무리하는 밤 시간에 매일 다이어리에 자기가 가고자 하는 대학을 적는 겁니다. 그 친구들은 마치 자기가 그 대학의 학생인 것처럼 생각하고, 그 대학의 학생인 것 같은 기분을 느끼고 그 기분을 간단하게나마 적는 시간을 가졌습니다.

하루 5분, 그것도 길다고 치면 2~3분만 하루에 한 번씩 해보세요. 꿈을 이룬 기분은 그 꿈의 실현을 한층 더 앞당겨주니까요. 습관처럼 꿈을 끌어당겨봅시다!

통계 : 일상생활이나 여러 가지 현상에 대한 자료를 알아보기 쉽게 수치로 나타내
는 것.

통계를 배우는 이유는 과거를 분석하기 위해서입니다. 과거를 분석하는 이유는 미래를 예
측하기 위해서입니다. 잘못된 분석은 한 나라의 미래를 흔들리게 하고, 개인의 삶 역시 통
째로 바꾸어 놓을 수 있습니다. 제대로 된 분석을 통한 올바른 예측은, 인생을 한층 더 나
아지게 하겠죠. 수학적 사고는 인생 전체에 필요한 것입니다.

이번 주 목표 체크

✓

✓

✓

✓

✓

----

4 week

마음가짐

뇌는 현실과 가상을 구분하지 못합니다.
식상한 이야기지만, 그렇기 때문에 '나는 할 수 있다!'라고
생각하면 정말 할 수 있게 됩니다.
뇌가 그렇게 믿으니까요.
결국 우리가 잘 다지고 단련해야 할 것은 '마음'입니다.
몸을 단련하는 것처럼, 마음도 단련해둡시다.
작은 돌부리쯤에는 걸려도 넘어지지 않고
다시 균형을 잡는 탄탄한 몸처럼
마음 역시 작은 좌절감에 무너지지 않도록,
"나는 할 수 있다!" "나는 잘 하고 있다!"
"가끔 못 해낼 수도 있지만 괜찮다!" 이런 말을 수시로 해주세요.
당신은 정말 할 수 있고, 잘 하고 있으니까요.
그리고 정말 가끔 다 못 해내는 날도 괜찮습니다.

어느 날 나는 내게 물었다.
"지구에서 가장 행복한 사람은 누구일까?"
나는 이렇게 대답했다.
"어제 하다가 남겨둔 일을 계속하기 위해
아침이 오기를 애타게 기다리는 사람"
- 제임스 왓슨 크로닌

🏠 이번 주 목표

DAY 22

20 . . .

"할 수 없다"라는 말은
글로 쓰든 말로 하든
세상에서 가장 나쁜 말이다.
그 말은 옥설이나 거짓말보다 더 많은 해를 끼친다.
- 에드가 A. 게스트

할 일 우선순위			시간대별 계획		
순위	내용	체크	시간	내용	체크
1					
2					
3					
4					
5					
6					

세부 계획				
과목	교재/분량			

오늘은 이거 하나만!

나티배 한마디

할 수 없다는 약한 마음은 실제로 우리를 아주 나약한 존재로 만듭니다. 그리고 말로 뱉는 순간, 나뿐만 아니라 온 세상이 그렇게 여기게 됩니다. 반대로, 할 수 있다는 강한 믿음과 그런 말은 진짜로 뭐든 할 수 있게 만듭니다. 자, 어떤 말을 입에 달고 살지는 나의 선택입니다.

나의 기록

DAY 23

20 . . .

마음이 현실을 만들어낸다.
우리는 마음을 바꿈으로써 현실을 바꿀 수 있다.
- 플라톤

할 일 우선순위			시간대별 계획		
순위	내용	체크	시간	내용	체크
1					
2					
3					
4					
5					
6					

세부 계획	
과목	교재/분량

나티배 한마디

같은 하늘, 같은 노을도 어느 날은 아름답게 보이고 어느 날은 한없이 쓸쓸하기만 합니다. 세상의 모든 길에 비단 천을 깔려 하기보다는, 내 신을 비단신으로 바꾸면 발밑엔 비단 길이 펼쳐집니다. 마찬가지로, '상황' 이라는 것은 늘 마음먹기 나름입니다. 오늘 해야 할 공부도 마찬가지입니다.

나의 기록

DAY 24

사람은 누구나 자기가 할 수 있다고
믿는 것 이상의 것을 할 수 있다.
할 수 있다고 생각하면 할 수 있고.
할 수 없다고 생각하면 할 수 없다.
– 헨리 포드

할 일 우선순위			시간대별 계획		
순위	내용	체크	시간	내용	체크
1					
2					
3					
4					
5					
6					

세부 계획				
과목	교재/분량			

나티배 한마디

자신을 너무 과소평가하는 것보다는, 좀 뻔뻔해 보이더라도 큰소리치는 편이 훨씬 좋습니다.
"난 한다면 하는 사람이야!" "내가 집중력 하나만큼은 끝내주지"
실제로 이런 말들은 자신에 대한 믿음을 심어줍니다. 진짜 한다면 하는 사람인 걸 보여줍시다!

나의 기록

DAY 25

20 . . .

스트레스를 이겨낼 수 있는 가장 확실한 무기는
다른 방향으로 생각할 수 있는 인간의 능력이다.
- 윌리엄 제임스

순위	할 일 우선순위 내용	체크	시간	시간대별 계획 내용	체크
1					
2					
3					
4					
5					
6					

과목	세부 계획 교재/분량			

나티쌤 한마디

스트레스를 받지 않을 수 없다면, 적절히 잘 풀어주는 것이 중요합니다. 스트레스는 마음에 쌓이는 먼지와 같아서 그때그때 털어주지 않으면 아주 골치 아파집니다. 공부를 하다가 갑갑한 마음이 들 때, 1~2분 정도 기분을 환기시켜줄 수 있는 자신만의 방법을 하나 가지고 있다면 좋겠죠.

나의 기록

DAY 26

20 . . .

인간의 미래는 인간의 마음에 달려 있다.
- 슈바이처

	할 일 우선순위			시간대별 계획	
순위	내용	체크	시간	내용	체크
1					
2					
3					
4					
5					
6					

	세부 계획			
과목	교재/분량			

모든 건 우리 마음에 달려 있습니다. 그렇기 때문에 체력 관리만큼 마음의 건강을 챙기는 것도 중요합니다. 건강한 마음은 쉽게 좌절하지 않고 쉽게 겁먹고 포기하지 않습니다. 우리는 이 다이어리를 통해 근성을 기르고, 근성은 건강한 마음의 기본입니다. 결국 이 여정은 근성 트레이닝과 같습니다.

나의 기록

DAY 27

결심하기에 따라 무엇이든 이룰 수 있다.
풀지 못할 문제 따위는 없다고 믿자.
지금 겪는 어려움은 그저 당신의 성격이 어떤지,
실력이 어떤지를 시험하는 테스트일 뿐이라고 받아들여라.
- 브라이언 트레이시

할 일 우선순위			시간대별 계획		
순위	내용	체크	시간	내용	체크
1					
2					
3					
4					
5					
6					

세부 계획					
과목	교재/분량				

"힘들었다면 경험이고 좋았다면 추억이다"라는 말처럼, 나에게 일어나는 모든 일은 이유 없이 일어나지 않습니다. 우리는 살면서 아주 여러 번 힘든 일들을 겪어내야 합니다. 그때마다 그것을 어떤 경험으로 남길 것인지, 그 경험을 통해 무엇을 얻을 것인지는 순전히 나의 선택입니다.
지금 우리가 겪고 있는 이 시간도 마찬가지입니다.

나의 기록

DAY 28

20 . . .

두려운 생각은 문제를 만들어내거나 끌어당기고
건설적이고 긍정적인 생각은 긍정적인 결과를 끌어당긴다.
생각의 성격과 관계없이 결과는 그 생각대로 만들어진다.
- 클로드 브리스톨

할 일 우선순위			시간대별 계획		
순위	내용	체크	시간	내용	체크
1					
2					
3					
4					
5					
6					

세부 계획	
과목	교재/분량

나티배 한마디

머릿속에 부정적인 생각만 가득한 사람이 밝은 얼굴을 하고 있는 게 가능할까요? 반대로 늘 긍정적인 사람이 우울하게 앉아 있는 일은 더더욱 없겠죠. 마음은 표정을 만들고 표정은 인상을 만들고, 사람의 인상이라는 것은 인생에도 영향을 크게 미칩니다. 결국 생각하는 대로 살게 된다는 게 바로 이런 의미겠죠.

나의 기록

나티배 생각

폭풍의 언덕을
희망봉으로 바꾸는 힘

아프리카 최남단 케이프타운에는 원주민들이 '폭풍의 언덕'이라고 부르는 봉우리가 있습니다. 그 주변 바다는 물살이 세고 암석이 많아서 날이 좋아도 배를 타고 건너기 어려웠기에 원주민들에게 죽음의 바다인 셈이었죠.

그런데 어느 날, 무역의 허브인 인도를 향하는 한 탐험선이 그 폭풍의 언덕을 지나게 됐습니다. 마침 폭풍우까지 쳤지만 선장은 동요하지 않고 암초를 피해 나아갔습니다. 그렇게 폭풍의 언덕을 지나자마자 거짓말처럼 고요하고 평온한 인도양이 나타났습니다. 이 탐험대의 선장은 '바스쿠 다가마'입니다. 신항로를 개척한 그는 큰 명성을 얻었고, 그가 폭풍의 언덕을 돌파한 이후 그곳은 '희망봉'이라 불리게 되었습니다.

마음먹기에 따라 같은 봉우리도 '폭풍의 언덕'이 되었다가 '희망봉'이 되었다가 하죠. 우리가 지금 지나고 있는 이 지점은 폭풍의 언덕일까요? 희망봉일까요? 여러분 마음먹기에 달려 있습니다.

무게중심 : 삼각형에서 한 꼭짓점과 그 대변의 중점을 이은 3개의 선분(중선)이 만나
는 점.

알코올램프의 삼발이는 왜 사발이, 오발이가 아니고 삼발이일까? 그 이유는 바로 무게
중심 때문입니다. 아무리 큰 삼각형도 무게중심만 찾으면 손가락 하나로 수평을 잡을 수
있습니다. 우리 인생에도 균형이 필요합니다. 3개의 꼭지점은 일과 사랑과 휴식일 수도
있고 공부와 일, 우정일 수도 있겠죠. 그 균형 맞추기는 자신만이 할 수 있습니다. 오늘
도 고민해봅시다.

이번 주 목표 체크

✓ _____

✓ _____

✓ _____

✓ _____

5 week

흔들릴 때도 있는 법

그래도 나름 꾸준히 하루하루 열심히 잘 해온 것 같은데,
뭔가 눈에 잘 보이지 않습니다.
눈에 띄게 점수가 오른 것도 아니고,
아직 책상 앞에 앉아 공부하는 게 그다지 수월하지도 않죠.
"이거 뭐 제대로 하는 것 맞나?"
"괜히 다이어리에 계획 세우느라 시간만 뺏기고,
못 지키면 좌절만 하고…"
"그만할까?"
혹시 이런 생각이 든다면, 당신은 정말 제대로 왔습니다.
지금 힘에 부쳐서 마음이 흔들린다면,
제대로 온 게 맞습니다.
자, 지금 머릿속에 드는 물음표는 지워버려도 좋습니다.
그리고 그냥 지금처럼만 하세요.
사람은 누구나 흔들리고, 흔들린다는 것은
그만큼 애쓰고 힘쓰며 걸어왔다는 증거입니다.

자신이 이루고자 하는 일이 시련과 역경에 부딪쳐 그르치게 되면
보통 사람들은 절망하게 된다.
그러나 이것은 시련이지 실패가 아니다.
내가 실패라고 생각하지 않는 한 이것은 실패가 아니다.

- 정주영

🏠 이번 주 목표

DAY 29

20 . . .

최고가 되기 위해서는 무엇을 해야 하는가?
집중력을 키우고 끊임없이 연습하며
꿈을 가져야 한다.
- 플로렌스 그리피스 조이너

할 일 우선순위			시간대별 계획		
순위	내용	체크	시간	내용	체크
1					
2					
3					
4					
5					
6					

세부 계획				
과목	교재/분량			

나티배 한마디

방향 없는 돌진만큼 어리석은 것은 없습니다. 우리는 지금 한 우물만 집중해서 파야 할 시기인데 우물을 어디에 팔지 정도는 정해야 하죠. 언제나 그 첫 번째는 목표와 방향이라는 것. 늘 명심하십시오.

나의 기록

DAY 30

체스티 장군은 아군이 적군에게 완전히 포위돼
고립됐다는 보고를 받고 이렇게 말했다.
"우리는 포위됐다. 덕분에 문제는 간단해졌다.
이제 우리는 모든 방향으로 공격할 수 있다."
- 체스티 풀러

할 일 우선순위			시간대별 계획		
순위	내용	체크	시간	내용	체크
1					
2					
3					
4					
5					
6					

세부 계획				
과목	교재/분량			

나티빠 한마디

지금 내가 어떤 상황에 처했느냐보다는, 그 상황에 대해 어떤 자세를 취하느냐가 중요합니다. 이왕이면 늘 전투적인 자세면 좋겠습니다. 조금 괜찮은 상황일 때도 긴장을 놓지 말고, 상황이 악화된다 싶으면 두 주먹 불끈 쥐는 겁니다. '다 덤벼!' 이런 기를 마구 뿜어보세요.

나의 기록

DAY 31

20 . . .

쓰러지느냐 쓰러지지 않느냐가 중요한 것이 아니라
쓰러졌을 때 다시 일어서는 것이 중요하다.
- 빈스 롬바르디

할 일 우선순위		
순위	내용	체크
1		
2		
3		
4		
5		
6		

세부 계획	
과목	교재/분량

시간대별 계획		
시간	내용	체크

오늘은 이거 하나만!

나의 기록

DAY 32

도전하고자 하는 목표를 분명히 하고,
수많은 가능성과 기회에 마음을 여는 것.
그리고 한쪽 문이 닫히면 다른 열린 문을 찾아 나설 수 있는
긍정 마인드가 곧 운을 만든다.
- 조선경

할 일 우선순위			시간대별 계획		
순위	내용	체크	시간	내용	체크
1					
2					
3					
4					
5					
6					

세부 계획				
과목	교재/분량			

나티빠 한마디

이렇게 했는데 안 되면 저렇게 해보고… 방법이라는 것은 늘 여러 가지, 여러 방향으로 존재합니다. 그걸 찾으려는 시도는 나의 몫이고요. 혹시, 지금 하고 있는 계획 구성이 자신에게 잘 맞는지 점검해보세요. 그렇지 않다면 바꾸어 다시 적용하면 됩니다.

나의 기록

DAY 33

가장 본받아야 할 인생은
한 번도 실패하지 않은 인생이 아니라
실패할 때마다 조용히,
그러나 힘차게 일어서는 인생이다.
- 톨스토이

할 일 우선순위			시간대별 계획		
순위	내용	체크	시간	내용	체크
1					
2					
3					
4					
5					
6					

세부 계획				
과목	교재/분량			

나티배 한마디

실패한 계획이라는 것은 없습니다. 세운 만큼 지키지 못했다고 해서, 너무 적게 세운 계획이라고 해서 실패한 하루라고 생각하지 마세요. 스스로 오늘을 치열하게 살았다고 생각한다면 그것으로 좋습니다. 그리고 오늘의 계획에서 부족했다고 생각했던 부분을 내일 계획에서 개선해보세요.

DAY 34

남들보다 더 잘하려고 고민하지 마라.
지금의 나보다 잘하려고 애쓰는 게 더 중요하다.
- 빈스 롬바르디

할 일 우선순위			시간대별 계획		
순위	내용	체크	시간	내용	체크
1					
2					
3					
4					
5					
6					

세부 계획	
과목	교재/분량

나티빼 한마디

우리가 사는 세상은 분명 경쟁해야 하는 곳이고, 우리는 경쟁에서 이기기 위해 이 싸움을 하고 있기도 합니다. 그러나 가장 먼저 이겨야 하는 것은 나 자신입니다. 어제의 나보다 오늘의 내가 좀 더 나은 사람이 되도록 집중하면 우리는 그 누구와도 비교할 수 없는 존재가 되어 있을 것입니다.

나의 기록

DAY 35

20 . . .

> 눈에 띠는 결점을 갖고 있을 수도 있으며
> 주목할 만한 강점을 갖고 있지 않을 수도 있다.
> 하지만 이 점이 자신의 인생에 주어진 카드이기 때문에
> 자신이 가진 카드로 승부를 해야 한다.
> - 브루스 바튼

할 일 우선순위			시간대별 계획		
순위	내용	체크	시간	내용	체크
1					
2					
3					
4					
5					
6					

세부 계획					
과목	교재/분량				

자신의 치명적인 단점에 대해 생각해본 적 있나요? 없다면 지금 진지하게 생각해봅시다. 매사 나를 걸림돌에 걸리게 하는 나의 단점을 한번 적어보세요. 그리고 그 단점을 극복하기 위해 오늘부터 노력할 일도 하나 적어보세요. 이제, 그 단점은 앞으로 나의 필살기가 될 것입니다.

나의 기록

시련은 극복하면
추억이 된다

사실 슬럼프는 프로들에게만 존재합니다. 아마추어에게는 슬럼프가 없죠.

만약 여러분이 슬럼프를 겪고 있다면, 그건 슬럼프라기보다는 지금보다 더 나아지기 위한 약간의 '몸살' 같은 것입니다. 절대로 초조하게 생각하지 마시고 이 다이어리의 처음으로 돌아가 보세요. 처음 가졌던 시작의 마음 그리고 그동안 참고 애써온 흔적들을 확인할 수 있을 것입니다. (아마 3week쯤에 힘들어하던 어느 하루가 보일 수도 있겠네요.)

다 힘들고 의미 없게 느껴져 포기하고 싶을 때도 있겠지만, 놀랍게도 그 시간이 지나고 나면 '그때 견디길 잘 했다'는 생각이 들 것입니다.

극복한 시련은 추억이 되기 때문이죠. 그리고 그 추억을 한 번 더 극복하면 추억은 생에 잊을 수 없는 '나의 명예'가 됩니다. 우리 함께 빛나는 명예를 손에 쥐어 봅시다!

피타고라스 정리 : 직각삼각형에서 직각을 낀 두 변의 길이를 각각 a, b라 하고 빗변의 길이를 c라고 하면 $a^2+b^2=c^2$이 성립한다.

사실, '피타고라스 정리'는 피타고라스가 만든 것이 아닙니다. 이미 이집트와 중국에서 이 정리를 알고 있었고 심지어 실생활에도 활용하고 있었죠. 그런데 왜 이 공식을 피타고라스 정리라고 할까요? 그 이유는 '왜 그렇게 되는가?'를 증명한 사람이 피타고라스이기 때문입니다. '그냥 원래 그렇게 되는 거니까'가 아니라 왜 그렇게 되는지를 논리적으로 풀어 놓은 사람이라는 거죠.

수학은 단순 계산이나 공식이 아니라 생각하는 학문입니다. 인생 역시 그냥 원래 그렇게 사는 것이 아니라, 생각하고 고민하고 증명하면서 사는 것입니다.

이번 주 목표 체크

✓ _____

_____

✓ _____

_____

✓ _____

_____

✓ _____

_____

6week

그냥 계속 하는 힘

절실함과 근성의 에너지는 간직하되, 마음에는 힘을 빼세요.
강한 결심은 한 번만 하는 것이지
매순간 그렇게 임하는 게 아닙니다.
매번 기합을 단단히 주고 들어가는 것은
스스로를 지치게 만들 수 있습니다.
천천히 걷더라도 멈춰 서지 않고 계속해서 가는 것이 근성입니다.
그러니 마음에 힘을 좀 빼고, 편안하게 임해봅시다.
매번 대단한 뭔가를 하고 있다는 기분을 버리고
자연스럽게 그냥 하세요.
오늘 뭔가 잘 안 풀리더라도,
몸이 좀 안 좋은 것 같아도 일단 앉아서
오늘 할 일을 그냥 하세요. 하면 됩니다.
그냥 계속하는 이 행동이 얼마나 큰 힘을 발휘하는지
곧 알게 될 겁니다.

미래를 신뢰하지 마라.
죽은 과거는 묻어버려라.
그리고 살아 있는 현재에 행동하라.

- 헨리 롱펠로

🔺 이번 주 목표

DAY 36

・・・・・・・・・・・・・・・・・・・・・・ 🏃 ・・・・・・・・・・・・・・・・・・・・ 20 ・ ・ ・

결정과 실행 사이의 간격은 좁을수록 좋다.
모든 성공한 사람들을 묶어주는 공통점은
결정과 실행 사이의 간격을 아주 좁게 유지하는 능력이다.
미룬 일은 포기해버린 일이나 마찬가지다.
- 피터 드러커

할 일 우선순위			시간대별 계획		
순위	내용	체크	시간	내용	체크
1					
2					
3					
4					
5					
6					

세부 계획				
과목	교재/분량			

나티배 한마디

하기로 한 일은 바로 실행하는 것이 좋습니다. '내일부터 새로운 마음으로!'라면서 괜히 책상을 정리하고 계획표를 다시 짜고… 다른 것들에 눈을 돌리지 말고 지금 있는 이 다이어리에 해야 할 일을 적고 빠르게 실행하세요.

나의 기록

DAY 37

지금 바로 여기서
네 능력으로 할 수 있는 일을 해라.
- 테오도어 루즈벨트

할 일 우선순위			시간대별 계획		
순위	내용	체크	시간	내용	체크
1					
2					
3					
4					
5					
6					

세부 계획					
과목	교재/분량				

오늘은 이거 하나만!

나티빼 한마디

계획은 미래의 희망사항이 아닙니다. '~만큼 하고 싶다'가 아니라 현실적으로 할 수 있는 일을 '~만큼 할 것이다'라고 적는 것이 맞습니다. 그리고 지금 당장 시작할 수 있는 일이어야 합니다.

나의 기록

DAY 38

아는 것으로 충분하지 않다. 적용해야만 한다.
하려는 의지만으로는 충분하지 않다. 실행해야 한다.
- 괴테

할 일 우선순위			시간대별 계획		
순위	내용	체크	시간	내용	체크
1					
2					
3					
4					
5					
6					

세부 계획					
과목	교재/분량				

나태배 한마디

사실 몰라서 못하는 건 거의 없습니다. 몰라서 못하는 게 아니라 알지만 안 하는 거죠. 아는 대로 해내기는 참 쉽지 않기 때문입니다. 쉽지 않기 때문에 우리는 해내야 하고, 어려운 일을 해내는 것이 바로 근성입니다.

나의 기록

DAY 39

20 · · ·

숙고할 시간을 가져라.
그러나 일단 행동할 시간이 되면 생각을 멈추고 돌진하라.
- 나폴레옹

할 일 우선순위			시간대별 계획		
순위	내용	체크	시간	내용	체크
1					
2					
3					
4					
5					
6					

세부 계획				
과목	교재/분량			

목표와 돌진할 방향을 세우는 데에는 물론 숙고의 시간이 필요합니다. 그래야만 잘못된 길로 전력 질주하는 헛수고를 막을 수 있기 때문이죠. 하지만 그 투자의 시간을 진짜 헛수고로 만들지 않기 위해 일단 정해진 후에는, 그 방향으로만 가십시오. 다른 것은 둘러보지 마세요.

나의 기록

DAY 40

인생의 위대한 목표는 지식이 아니라 행동이다.
- 올더스 헉슬리

할 일 우선순위		
순위	내용	체크
1		
2		
3		
4		
5		
6		

시간대별 계획		
시간	내용	체크

세부 계획	
과목	교재/분량

나티배 한마디

행동이 전부입니다. 이 다이어리를 행동의 기록으로 꽉 채워봅시다. 다이어리가 우리의 기록으로 완성될 때쯤, 여러분은 '행동력'이라는 엄청난 무기를 얻게 될 것입니다.

나의 기록

DAY 41

수영을 하면서 수영하는 법을 배운다.
용기를 내면서 용기 내는 법을 배운다.
- 메리 데일리

할 일 우선순위

순위	내용	체크
1		
2		
3		
4		
5		
6		

세부 계획

과목	교재/분량

시간대별 계획

시간	내용	체크

나타배 한마디

공부 역시 공부하면서 하는 법을 알게 됩니다. 이렇게 해보니 잘 안 되면 저렇게 하고, 저렇게 해서 비효율적이니 이렇게 해보고… '해보면서' 알게 되고 개선되는 것들이죠. 결국 공부를 하는 사람은 계속해서 더 잘하게 됩니다. 계속 좋은 방법을 찾아가게 되기 때문이죠.

나의 기록

DAY 42

성공의 8할은 일단 출석하는 것이다.
- 우디 앨런

할 일 우선순위			시간대별 계획		
순위	내용	체크	시간	내용	체크
1					
2					
3					
4					
5					
6					

세부 계획				
과목	교재/분량			

오늘은 이거 하나만!

나티배 한마디

6년, 3년 개근상을 별것 아닌 것으로 생각들 하지만 이건 참 대단한 겁니다. 단 한 번의 조퇴도 결석도 없이 긴 시간 매일 학교에 잘 출석했다는 것만으로도 그 사람은 '무엇이든 잘 해낼 가능성'을 품고 있는 사람이기 때문입니다.

나의 기록

성공 관성의 법칙

생각만으로는 아무것도 바꿀 수 없습니다. 성공한 사람들의 원칙은 '준비-조준-발사'가 아니라, '준비-발사-조준'입니다. 일단 행동하는 거죠. 꿈을 이룬 학생들의 공통점은 거창한 계획이 아니라 작은 목표를 '그냥 시도'한 친구들입니다. 그 작은 성공들이 모여서 결국 큰 성공이 된 거죠. 이를 '성공 관성의 법칙'이라고 합니다.

우리는 지금까지 하루의 작은 목표부터 한 주 목표, 또 한 달 목표를 세우며 달려왔습니다. 알겠지만, 사실 목표와 계획을 세울 때는 고민의 시간이 필요합니다. 반드시 시간을 투자해야 하죠. 하지만 시간을 들여 계획이 세워졌을 때는, 더 이상 주저 말고 실행에 옮기면 됩니다. 실행하는 중간중간 잘 가고 있는지만 체크하면 됩니다.

성공 관성의 법칙은 마치 중력처럼 누구에게나 작용하고 있으니, 행동하는 지금 이 순간 여러분 역시 성공에 한발 더 가까워졌습니다.

명제 : 그 내용이 참인지 거짓인지 명확하게 판별할 수 있는 문장이나 식.

참과 거짓을 구분하는 가장 간단한 방법이 있습니다. 그것은 시간과 노력이 들어가 있는지 아닌지를 확인해보는 것입니다. 가짜는 쉬워 보이고 순식간에 이루어집니다. 진짜는 더딥니다. 더디고 어렵기 때문에 많은 사람들이 포기하죠.

"자신이 좋아하는 일을 하라!"라는 말은 반만 맞습니다. 성공한 사람들은 좋아하는 일을 했던 것이 아니라, 자신이 하는 일을 좋아했습니다. 이것이 참인 명제입니다.

이번 주 목표 체크

✓

✓

✓

✓

✓

7week

꿈에 대한 예의

적어도 이 다이어리를 쓰는 친구라면,
꿈이 있을 것입니다. 없다면 지금 가져도 좋습니다.
꿈이라고 해서 거창할 거 없어요.
S대학 입학이나 세계여행 같이 멋져 보이는 것만
꿈은 아니니까요.
아주 작고, 사소한 것도 '꿈'이라고 부르고 품으면
삶이 조금 풍부해집니다.
우리는 그 꿈으로 가는 길 위에서
이 다이어리를 들고 있지요.
이번 주는 공부를 위한 공부에서 한 걸음 물러나,
'내 꿈은 무엇일까'에 대한 생각을 하고 적어봅시다.
그리고 지금 하고 있는 공부가
단지 모의고사 점수를 올리기 위한 발버둥이 아니라
내 꿈으로 가는 노 젓기 중이라 생각해봅시다.

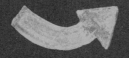

꿈을 이루는 가장 좋은 방법은 목표를 세우고, 모든 것을 집중하는 거야.
그렇게 하면 단지 희망사항이었던 것이 '꿈의 목록'으로 바뀌고
다시 그것이 '해야만 하는 목록'으로 바뀌고,
마침내 '이루어낸 목록'으로 바뀐단다.
꿈을 가지고 있기만 해서는 안 돼, 꿈은 머리로 생각하는 것이 아니란다.
가슴으로 느끼고 손으로 적어 발로 뛰는 게 꿈이지.

- 존 고다드

🏠 이번 주 목표

DAY 43

언젠가 해봐야지라고 생각하는 사람의
'언젠가'는 오는 법이 없다.
- 니시자와 야스오

순위	내용	체크
할 일 우선순위	
1		
2		
3		
4		
5		
6		

시간	내용	체크
시간대별 계획	

과목	교재/분량
세부 계획	

나티배 한마디

'내일부터' 해야지 생각한 게 있다면, 바꿔서 딱 '오늘만' 해보세요. 모든 일을 그렇게 마음먹고 당장 오늘부터 시작하세요. 이렇게 하면 절대 후회할 어제가 생기지 않습니다.

나의 기록

DAY 44

호기심이 많고 살짝 미치고 채워지지 않는
배움의 열정을 가지고,
물불 가리지 않는 사람이 승자가 된다.
– 톰 피터스

할 일 우선순위			시간대별 계획		
순위	내용	체크	시간	내용	체크
1					
2					
3					
4					
5					
6					

세부 계획				
과목	교재/분량			

오늘은 이거 하나만!

나태배 한마디

뭔가에 몰입하는 사람은 눈빛이 다릅니다. 그리고 그런 변화는 주변에서도 알아차리기 마련이죠. 주변 사람들에게 "너 요즘 뭔가 달라진 것 같아"라는 소리를 들을 정도로 전과는 달라진 모습을 갖는 것이 좋습니다. 여러분은 서서히 근성을 갖춰나가고 있고, 근성을 가진 사람은 '아우라'부터 다르니까요.

나의 기록

DAY 45

절대 다가오는 위협으로부터 등을 돌리고 달아나려 해서는 안 된다.
그러면 위협은 배로 늘어난다.
그러나 당황하지 않고 즉시 정면 돌파한다면
위협은 절반으로 줄어든다. 절대 어떤 것으로부터도 달아나지 마라.
- 윈스턴 처칠

할 일 우선순위			시간대별 계획		
순위	내용	체크	시간	내용	체크
1					
2					
3					
4					
5					
6					

세부 계획					
과목	교재/분량				

나티빼 한마디

하긴 해야 하는데 어려워서 차일피일 미루고 있는 일이 있다면, 여기서부터는 더 이상 피하지 말기를 바랍니다. 피하는 만큼 그 일은 더 커지고 결국 골치 아픈 '문제 덩어리'가 되고 맙니다. 곤란해진다고 해도 지금 곤란한 것이 낫습니다. 피하지 않고 부딪칠 때 일을 해결할 수 있습니다.

나의 기록

DAY 46

실패한 사람들은 생존에,
평범한 사람들은 현상 유지에,
성공한 사람들은 생각의 발전에 집중하고 있다.
- 존 맥스웰

할 일 우선순위			시간대별 계획		
순위	내용	체크	시간	내용	체크
1					
2					
3					
4					
5					
6					

세부 계획	
과목	교재/분량

오늘은 이거 하나만!

나티빼 한마디

하루를 마치며 "오늘 하루도 잘 버텼다!"라고 말하고 있나요, "오늘 하루도 잘 해냈다!"라고 말하고 있나요?
우리는 모두 후자를 말하는 하루를 보내야 합니다. 그런 하루하루를 쌓아가야 합니다.

나의 기록

DAY 47

······· 🏃 ······· 20 · ·

> 나는 꿈이 없고 비전이 없는 사람을 쓸모없다고 생각해왔다.
> 하지만 자신의 꿈과 비전을 실현하기 위해 행동을 바꾸는
> 실제적인 노력이 조금도 없다면 그 역시 쓸모없는 사람이다.
> – 테오도어 루즈벨트

할 일 우선순위			시간대별 계획		
순위	내용	체크	시간	내용	체크
1					
2					
3					
4					
5					
6					

세부 계획	
과목	교재/분량

나비쌤 한마디

목표와 꿈이 있는 것은 중요하지만, 목표와 꿈만 있으면 된다는 뜻은 아닙니다. 그것은 마치 스스로에게 사기를 치는 행위와 같습니다. '나는 그래도 목표가 있으니깐'라면서 자기위안 삼고 있다면 당장 그만두세요! 행동이 따르지 않는다면 목표와 꿈은 '독'에 불과합니다.

나의 기록

DAY 48

남이 한 번에 할 수 있다면
나는 백 번을 해서라도 그 일을 이루고,
남들이 열 번에 능한 것이라면 나는 천 번을 해서라도
능하게 만들 것이다.
- 중용

할 일 우선순위			시간대별 계획		
순위	내용	체크	시간	내용	체크
1					
2					
3					
4					
5					
6					

세부 계획					
과목	교재/분량				

느린 것은 흠이 아닙니다. 지레 포기하거나 애초에 못 한다고 생각하는 것이 흠입니다. 우리는 무엇이든지 해낼 수 있습니다. 다만 그 속도에 차이가 있을 뿐입니다. 자기의 속도대로 가세요. 느리더라도 하나하나 제대로 해내면서 갑시다. 그것만이 다시 되돌아가지 않는 방법입니다.

나의 기록

DAY 49

태양을 바라보는 순간에는
그림자가 보이지 않는다.
- 헬렌 켈러

할 일 우선순위			시간대별 계획		
순위	내용	체크	시간	내용	체크
1					
2					
3					
4					
5					
6					

세부 계획				
과목	교재/분량			

오늘은 이거 하나만!

나티배 한마디

주말을 이용해, 가고 싶은 대학을 방문해보는 것도 좋습니다. 캠퍼스를 거닐며 곧 내가 다니게 될 학교의 분위기를 마음껏 느껴보세요.
공부에 찌든 마음이 마르고 보송보송해지면서 다시 시작할 기운을 얻을 수 있을 것입니다!

나의 기록

나티배 생각

꿈으로 가는 길에
서다

"인생이란 폭풍우가 지나가기를 기다리는 게 아니라, 빗속에서도 춤추는 법을 배우는 것이다."라는 말이 있습니다. 중간고사가 빨리 끝났으면 좋겠고, 수능이 빨리 끝났으면 좋겠고… 그냥 이 모든 게 빨리 다 지나가 버렸으면 좋겠다고 생각한다면 지금 마치 지옥과 같을 것입니다.

하지만 여러분은 지옥길 위에 서 있지 않습니다. 마음속에 품은 꿈이 있고 그 꿈을 향해 가는 여정에 서 있습니다. 꿈으로 가는 길이 지옥이라면 그 꿈을 이룬다고 해서 과연 행복할 수 있을까요? 그저 지옥길이 끝나고 새로운 지옥길이 시작될 뿐일 테죠. 여러분의 꿈을 그런 하찮고 '끝내야만 하는' 숙제 정도로 여길 건가요?

곧 현실이 될 나의 꿈에 감사하는 마음으로, 지금 이 시간을 즐겨봅시다. 즐기기까지 너무 어렵다면 그저 받아들이세요. 꿈으로 가는 길의 하나로!

방정식 : 변수를 포함하는 등식에서, 변수의 값에 따라 참 또는 거짓이 되는 식.

성공=능력×노력×태도입니다. 이 세 가지 변수 중 가장 중요한 것은 '태도'입니다. 성공은 APTITUDE(적성)가 아니라 ATITUDE(태도)에 의해 결정됩니다. 능력이 특출한 사람은 많지만 그들이 모두 성공하지는 않습니다. 남들보다 더 노력하는 사람 역시 많지만 그들 중 성공한 사람은 많지 않습니다.

하지만 태도가 좋은 사람은 성공할 확률이 높습니다. 태도가 좋으면 당연히 노력하게 되고, 노력을 하면 자연히 능력이 자라나 결국 성공하게 되기 때문입니다.

이번 주 목표 체크

✓ _____

_____

✓ _____

_____

✓ _____

_____

✓ _____

_____

8week

집중과 몰입의 기쁨

한번 그 맛을 알고 나면 빠져나오기 힘든 것들이 있습니다.
소위, '중독성'이라고 하는데 이런 것들은 대체로
쾌락만 있고 해로운 것이라 부정적인 이미지가 강하죠.
하지만 한번 그 맛을 알고 빠지면
인생에 성과가 늘어나는 '착한 중독'도 있습니다.
바로 집중과 몰입에 대한 중독입니다.
무언가에 몰두해 시간 가는 줄 모르고 그 속에 빠져 있는 시간,
마치 물결에 몸을 맡긴 것처럼 무아지경이 된다고 하여
몰입을 영어 표현으로 'FLOW'라고도 하죠.
자, 우리 이번 주에는 이 '착한 중독'에 빠져봅시다.
집중하세요. 빠져 들어보세요.
스탠드 불빛 아래 몰입하고 있는
당신의 모습은 진정 멋집니다!

사람은 동시에 두 마리의 말을 탈 수 없으므로
이쪽 말을 타기로 결정했으면 반드시 다른 한쪽의 말은 버려야 한다.
똑똑한 사람은 무엇을 하기로 결정하면
다른 일에 에너지를 분산시키지 않고
그 일에만 매진해서 좋은 결실을 맺는다.

- 알프레드 베게너

🏠 이번 주 목표

DAY **50**

집중력은 자신감과 갈망이
결합하여 생긴다.
- 아놀드 파머

할 일 우선순위			시간대별 계획		
순위	내용	체크	시간	내용	체크
1					
2					
3					
4					
5					
6					

세부 계획				
과목	교재/분량			

나티빼 한마디

절실히 바라는 것을 향한 '집념'은 마치 성냥을 긋는 '마찰 면'과 같습니다. 마찰 면에 부딪치는 순간 불이 활활 붙어 타오르듯이 집념은 집중력을 발휘하게 합니다. 우리에게는 절실히 바라는 것과 근성이 있습니다. 자! 오늘 집중력을 최대한 발휘해봅시다.

나의 기록

DAY 51

20 . . .

제대로 집중하면 6시간 걸릴 일을
30분 만에 끝낼 수 있지만,
그렇지 못하면 30분이면 끝낼 일을
6시간을 해도 끝내지 못한다.
- 아인슈타인

할 일 우선순위			시간대별 계획		
순위	내용	체크	시간	내용	체크
1					
2					
3					
4					
5					
6					

세부 계획					
과목	교재/분량				

나티배 한마디

효율적인 공부에는 별 다른 방법이 있는 것이 아닙니다. 열쇠는 집중력입니다. 집중력은 시간 대비 공부의 양도 절대적으로 늘려주지만, 질도 월등하게 높여줍니다. 집중해서 본 페이지는 그렇지 않았을 때 본 페이지보다 더 기억이 잘 나는 것이 그 증거입니다.

나의 기록

DAY 52

20 . . .

집중이란 '아니오'라고 말하는 것이다.
- 스티브 잡스

할 일 우선순위		
순위	내용	체크
1		
2		
3		
4		
5		
6		

시간대별 계획		
시간	내용	체크

세부 계획	
과목	교재/분량

오늘은 이거 하나만!

나티배 한마디
공부를 하려고 책상 앞에 앉으면, 다른 할 일이 참 많이 떠오릅니다. 그럴 때 과감하게 'NO!'라고 말하세요.
일단 앉았으면 완전히 집중하고 지금 하려고 하는 것 외에 모든 것에 무조건 'NO!' 하세요.

나의 기록

DAY 53

20 . . .

스피드란,
중요한 것에 시간을 투자하고
중요하지 않은 것에 소비하는 시간을 제거하는 것이다.
- 톰 피터스

할 일 우선순위			시간대별 계획		
순위	내용	체크	시간	내용	체크
1					
2					
3					
4					
5					
6					

세부 계획					
과목	교재/분량				

내비배 한마디

할 일은 중요도가 다 다르고 그에 따라 우선순위가 매겨집니다. 중요하고 꼭 해야 할 일부터 처리해 나가는 것은 시간을 바르게 운용할 수 있는 가장 기본적인 방법입니다. '할 일 우선순위'에 따라 시간대별 계획을 전략적으로 짜보세요.

나의 기록

DAY 54

20 . . .

인간이 가장 행복한 시간은
일에 몰두하고 있을 때이다.
- 존 오닐

할 일 우선순위				시간대별 계획		
순위	내용	체크	시간	내용	체크
1					
2					
3					
4					
5					
6					

세부 계획	
과목	교재/분량

냐티배 한마디

온 신경을 한 가지에 집중하면 다른 것이 들리지 않습니다. 친구가 나를 부르는 소리를 못 듣는다거나 시간이 가는 줄 모르게 빠져들어보는 경험. 꼭 해보십시오! 공부하는 맛이 배로 올라갑니다.

나의 기록

DAY 55

20 . . .

아무리 싫은 일이라도 일단 시작하면
자연스레 흐름을 타서 차츰 몰입하게 되고,
그러면 어느새 나도 모르게 좋아지게 된다.
남다른 의욕이 있어 시작하는 게 아니고 시작하면 의욕이 생기는 것이다.
이게 신기한 뇌의 기전이다.
— 이시형, 《공부하는 독종이 살아남는다》

할 일 우선순위			시간대별 계획		
순위	내용	체크	시간	내용	체크
1					
2					
3					
4					
5					
6					

세부 계획				
과목	교재/분량			

나티배 한마디

몰입을 영어 표현으로 'FLOW'라고 합니다. 몰입을 하면 마치 강물이 흐르듯 거기에 모든 것이 맡겨진 채 흐른다는 의미죠. 완전히 몰입해서 공부하고 있는 자신의 모습. 멋지지 않나요?
몰입의 즐거움에 빠져봅시다!

나의 기록

DAY 56

사람들이 일을 성취해내는 능력과
그 일에 들이는 시간 사이에는
아주 명확한 상관관계가 있다.
- 조이스 브라더스

할 일 우선순위			시간대별 계획		
순위	내용	체크	시간	내용	체크
1					
2					
3					
4					
5					
6					

세부 계획	
과목	교재/분량

나태배 한마디

분명 집중을 해서 질 높은 공부를 하면 시간이 단축되긴 하지만, 절대 비례라는 것이 있습니다. 시간을 들인 만큼 얻을 수 있는 것이 있다는 것입니다.
집중하는 것이 어렵다면, 시간을 들여 집중을 연습할 필요가 있습니다.

나의 기록

조각조각 없어질 때까지
먹어 치워라!

살라미 전술이라는 것이 있습니다. 살라미는 소금에 절인 대형 소시지인데, 먹을 때는 소시지가 없어질 때까지 얇게 썰어 가며 먹습니다. 이 원칙을 협상에 적용해서, 하나의 카드를 여러 개로 세분화해 쟁점화한 뒤하나씩 수용하면서 보상을 받아가는 수법이 살라미 전술입니다. 사기꾼들이 처음에 작은 돈을 빌려서 잘 갚다가 나중에 큰 돈을 빌린 뒤 도주하는 것도 살라미 전술이라고 하더군요.

공부할 때도 마찬가지입니다. 일단 가장 수월하게 할 수 있고, 쉽다고 여겨지는 공부부터 토막 내서 '일단 이것까지만 하자'라는 마음으로 임해보세요. 그리고 그다음은 좀 덜 수월하고 어려운 것, 그다음은 어려운 것…이렇게 확장해가는 겁니다. 그럼 미꾸라지 담 넘어가듯 스르르 다음 단계로 넘어가며 해야 할 일들을 해치우고 있는 자신을 발견하게 됩니다.

자, 이제 우리도 공부에 전술을 이용해봅시다!

원 : 평면 위의 한 점에서 일정한 거리에 있는 점들로 이루어진 곡선.

원은 고대 그리스에서 가장 중요한 도형이었습니다. 원에서도 가장 중요한 것이 원의 중심입니다. 원의 중심은 신과 대응되는 개념이었죠.

우리 인생도 중심만 잡혀 있다면 반드시, 언젠가는 꿈을 이룰 수밖에 없습니다. 원의 중심은 본질이고 본질은 현상보다 중요합니다. 현상과 껍데기에만 시선을 빼앗긴 세상 속에서 중심을 잡고 본질을 가꾸는 사람이라면 어디서든 빛이 납니다.

이번 주 목표 체크

✓ _____

_____

✓ _____

_____

✓ _____

_____

✓ _____

_____

9week

절실한 마음

지금 가진 꿈과 목표에 절실한 마음을 가지고 있는지
생각해보는 한 주가 되었으면 좋겠습니다.
'나는 지금 절실히 OO 대학에 가고 싶은가?'
'나는 간절하게 교사가 되기를 꿈꾸고 있는가?'
혹, 간절하지 않다면 그 자리는 나보다 더 절실한 사람의
몫이 될 수밖에 없습니다.
절실한 자만이 모든 것을 이겨내고 끝끝내 해내기 때문입니다.
절실해지세요. 절실해야 할, 반드시 이뤄야 할
이유를 찾으세요.
그 절실한 마음은 근성의 에너지가 됩니다.

끊임없이 빛을 발하는 사람과
그렇지 못하는 사람을 가르는 차이는
단 한 가지, 바로 실패에 대한 인식과 반응이다.
진정 이루기를 간절히 원한다면 나가서 부딪쳐라.
그리고 실패하라. 일찍, 자주 실패하라.
그리고 그 실패를 성공의 디딤돌로 삼아라.

– 존 맥스웰

🏠 이번 주 목표

DAY 57

20 . . .

0순위는 반드시 이루어진다.
절실히 원하는 것은 이루어지게 되어 있다.
아직 못 이루어진 것은 그것이 아직 0순위가 아니기 때문이다.
-《깨달음의 연금술》중에서

할 일 우선순위			시간대별 계획		
순위	내용	체크	시간	내용	체크
1					
2					
3					
4					
5					
6					

세부 계획				
과목	교재/분량			

무슨 일이 있어도 반드시 이루고 싶은 목표, 반드시 이루어야 하는 이유를 마음에 깊이 새기세요. 힘들고 그만 두고 싶을 땐, 어김없이 그것을 꺼내어 생각하고 몸과 마음을 일으켜 세우세요. 근성의 가장 강력한 에너지원은 '절실함'입니다.

나의 기록

DAY 58

평범한 인간이 이따금 비상한 결의로 성공하는 경우가 있는데
그것은 그가 훌륭한 인물이어서가 아니라
불안에서 벗어나려고 끊임없이 노력한 결과이다.
- 몽테로랑

할 일 우선순위			시간대별 계획		
순위	내용	체크	시간	내용	체크
1					
2					
3					
4					
5					
6					

세부 계획				
과목	교재/분량			

나타배 한마디

불안은 해소할 수 있는 방법이 있는 감정입니다. 불안을 일으킨 원인을 찾아 그것을 없애면 됩니다. 시험을 앞두고 불안하다면, 그건 시험에 자신 있게 임할 만큼 공부를 하지 않았다는 자기 고백이죠. 불안하면 불안하지 않을 때까지 공부하세요. 그것이 불안을 없애는 가장 좋은 방법입니다.

나의 기록

DAY 59

20

당신이 가장 많이 생각하고 있는 것과
가장 많이 집중하고 있는 것이
당신의 인생으로 나타날 것이다.
- 론다 번

할 일 우선순위			시간대별 계획		
순위	내용	체크	시간	내용	체크
1					
2					
3					
4					
5					
6					

세부 계획	
과목	교재/분량

오늘은 이거 하나만!

나타배 한마디

생각하고 말하는 것은 그대로 얼굴에 드러납니다. 그리고 그것은 곧 인생으로도 나타납니다. 내가 꿈꾸는 모습에 어울리는 생각을 잘 골라서 하세요. 말 역시 마찬가지입니다.

나의 기록

DAY 60

정신의학적으로 힘은 모자람에서 온다.
배가 고파야 동물은 움직일 동기가 생기고 따라서 힘이 생긴다.
모자람의 미학이란 결코 없는 자의 자위가 아니다.
모자람은 축복이다.
- 이시형

할 일 우선순위			시간대별 계획		
순위	내용	체크	시간	내용	체크
1					
2					
3					
4					
5					
6					

세부 계획				
과목	교재/분량			

나의 기록

DAY 61

20 . . .

성공하기 이전에 느끼는 좌절감의 무게는
성공한 이후에 느끼는 자부심의 무게와 같다.
- 윌리엄 셰익스피어

할 일 우선순위			시간대별 계획		
순위	내용	체크	시간	내용	체크
1					
2					
3					
4					
5					
6					

세부 계획	
과목	교재/분량

나티배 한마디!

참고 인내한 후 무언가 이룬 사람은 인생에 대한 태도가 달라집니다. 내가 이만큼 해냈다는 자부심이 자존감을 높여주고 매사 자신 있는 마음가짐으로 임하게 만들기 때문이죠. 지금 이 시기의 무게를 잘 견뎌봅시다. 언제나 자신감 넘치는 사람으로 발전하기 위한 과정입니다.

나의 기록

DAY 62

역사적 성공의 절반은
죽을지도 모른다는 위기의식에서 비롯되었고
역사 속 실패의 절반은
찬란했던 시절에 대한 향수에서 비롯되었다.
- 아놀드 조셉 토인비

할 일 우선순위			시간대별 계획		
순위	내용	체크	시간	내용	체크
1					
2					
3					
4					
5					
6					

세부 계획	
과목	교재/분량

나타배 한마디

사람은 적당한 위기 속에 긴장하고 정신을 차리기 마련이죠. 일부러 위기를 만들 필요까지는 없지만, 만약 그런 위기가 닥치더라도 크게 좌절할 필요는 없습니다. 근성은 위기마저 좋은 기회로 만들어주니까요.

나의 기록

DAY 63

········•········· 20 • • •

실패한 고통보다
최선을 다 하지 못했음을 깨닫는 것이
몇 배 더 고통스럽다.
– 앤드류 매튜스

할 일 우선순위				시간대별 계획		
순위	내용	체크	시간	내용		체크
1						
2						
3						
4						
5						
6						

세부 계획					
과목	교재/분량				

나티빼 한마디

내가 할 수 있는 모든 것을 다 한 사람은 그 결과에 크게 연연하지 않지만, 뭔가 아쉬울 정도로 적당히 한 사람은 결과에 전전긍긍하고 휘둘립니다. 후회하게 될 자신의 미래를 미리 예감했기 때문이죠. 후회만큼 고통스러운 감정은 없습니다. 후회할 미래를 만들지 않는 건 지금 '현재'의 몫입니다.

나의 기록

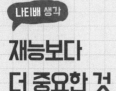

재능보다
더 중요한 것

　재능은 있는데 성공하지 못한 사람과 재능은 없지만 성공한 사람의 차이는 바로 '절실함'입니다. 사람은 여유가 생기면 나태해집니다.

제자 중에 운동을 하다가 몸이 다쳐서 공부를 시작한 친구가 있었습니다. 지금까지 해왔고 할 줄 아는 것이라고는 운동밖에 없는데, 이제 와 남들처럼 공부를 하려니 당연히 어려웠고 당시 성적도 바닥이었지만 이제 남은 것 또한 공부밖에 없기에 정말 미친 듯이 하더군요. 7등급이었던 수학 성적이 2등급까지 오르게 되었고 결국 본인이 가고자 했던 대학에 수시로 합격하게 되었습니다. 수시 면접을 보고 온 그 친구가 저에게 말했습니다.

"제 옛날 성적으로는 당연히 합격할 수 없었는데 1년 동안 제가 보인 변화로 절실함을 느꼈고 저에게서 발전 가능성을 봤다고 면접관이 그러시더라고요."

여러분은 지금 절실하신가요? 그 절실함으로 펜을 손에 꼭 쥐고 그것이 절실한 이유를 지금 바로 노트에 적어보세요.

등호 : 두 개의 대상이 서로 같다는 것을 나타낼 때 사용하는 기호 '='를 등호라고
한다. 등호는 영국의 수학자 레코드가 평행하는 두 직선에서 힌트를 얻어 같
음을 나타내는 기호로 쓰이게 되었다.

저는 수업 시간에 세상에서 가장 슬픈 선이 평행선이라고 가르칩니다. 더 이상 멀어지지
도 않고 가까워지지도 않는 상태가 바로 평행입니다.
우리는 꿈과 목표에 더 가까워지기 위해 노력해야 합니다. 우리의 노력은 평행선도 휘게
할 힘이 있습니다. 그 노력 끝에 점점 더 가까워져서 만나게 될 수 있도록 최선을 다해야
합니다.

✓

✓

✓

✓

10week

버틴 자가 승자

'버틴다'는 말은 어쩌면 좀 '미련스럽게' 들릴지도 모르겠습니다.
그런데 때로는 이 '미련스러움'이 그 어떤 것보다
탁월함을 발휘하기도 합니다.
쉽고, 편한 것만 찾으려는 마음 대신
좀 힘들고 좀 불편하더라도 일단 하기로 한 것에 대한
고집불통의 마음으로 '미련스럽게' 버티는 자세.
미련스러움이 가장 필요한 때가 바로 지금이 아닐까 싶습니다.
강한 자가 남는 것이 아니라, 남는 자가 강한 것이라는 말.
미련스럽게 버틴 자가 결국 이 근성 싸움에서 승자라는 점.
잊지 마십시오!

고된 훈련 덕분에 쉬웠다.
그게 나의 비결이다.
그래서 나는 승리했다.
- 나디아 코마네치

🏠 이번 주 목표

DAY 64

참고 버텨라.
그 고통은 차츰차츰 너에게 좋은 것으로 변할 것이다.
- 오비디우스

할 일 우선순위			시간대별 계획		
순위	내용	체크	시간	내용	체크
1					
2					
3					
4					
5					
6					

세부 계획	
과목	교재/분량

오늘은 이거 하나만!

나티배 한마디

지금 어렵고 고통스럽다면, 참 잘 하고 있는 겁니다. 그리고 그만큼의 보상이 확실히 돌아올 것입니다. 몸도 마음도 편한 채로 쉽게 해낼 수 있다면 좋겠지만 그렇게 이룬 것들은 쉽게 사라집니다. 어렵게 이루어내고 완전히 내 것으로 만듭시다.

나의 기록

DAY 65

힘겨운 상황에 처해서 모든 게 장애로 느껴질 때
단 1분도 버틸 수 없다고 느껴질 때,
그야말로 포기해서는 안 된다.
바로 그 시점과 위치에서 상황은 바뀌기 시작하니까.
- 해리엇 비처 스토

할 일 우선순위			시간대별 계획		
순위	내용	체크	시간	내용	체크
1					
2					
3					
4					
5					
6					

세부 계획	
과목	교재/분량

오늘은 이거 하나만!

나티빼 한마디

이쯤 되면 나만 힘든 것이 아닙니다. 모두가 다 힘들 때, 바로 여기서 '차이'라는 것이 생기게 됩니다. 힘들어서 주춤하거나 포기하는 사람들과 그럼에도 불구하고 계속 해나가는 사람들 사이에 아주 작은, 그러나 이내 크게 나타날 간극이 생기는 것이죠. 지금은 차이를 만들 기회입니다!

나의 기록

DAY 66

· · · · · · · · · · · · · · 🏃 · · · · · · · · 20 · · ·

천리마도 한 번 뛰어서는 십 보의 거리를 갈 수 없고
더딘 말도 열흘 뛰면 천 리에 도달하니,
성공은 그만두지 않음에 달려 있다.
- 순자

할 일 우선순위			시간대별 계획		
순위	내용	체크	시간	내용	체크
1					
2					
3					
4					
5					
6					

세부 계획	
과목	교재/분량

오늘은 이거 하나만!

나티빼 한마디

시작 선은 같으나 능력치에서 우등한 지점들을 가지고 있는 경쟁자들이 있을 수 있습니다. 하지만 그들이 1시간이면 해낼 것을, 3시간이 걸리더라도 해낸다면 그 또한 성공이나 다름없습니다. 결국 해내고야 만다는 집념으로 그만두지 않고 달려들어 해보십시오.

나의 기록

DAY 67

나는 시도하다 실패했다.
그러나 다시, 또다시 시도해서 성공했다.
- 게일 보든

할 일 우선순위			시간대별 계획		
순위	내용	체크	시간	내용	체크
1					
2					
3					
4					
5					
6					

세부 계획	
과목	교재/분량

실패는 시도의 증거입니다. 그리고 실패는 곧 성공의 증거가 될 것입니다. 단, 제대로 실패하십시오.
총력을 다했으나 실패했을 때는 분명 이유가 있습니다. 그 이유를 찾아 바로잡으세요.

나의 기록

DAY 68

20 . . .

가장 잘 견디는 자는
가장 잘 해낼 수 있는 자이다.
- 존 밀턴

할 일 우선순위			시간대별 계획		
순위	내용	체크	시간	내용	체크
1					
2					
3					
4					
5					
6					

세부 계획				
과목	교재/분량			

오늘은 이거 하나만!

나타배 한마디

강한 자가 살아남는 것이 아니라 살아남는 자가 강한 자입니다. 마지막에 가서 누가 웃고 있을지는 아무도 모릅니다. 그러니 지금까지 해오던 대로 묵묵히 계속 임하세요.
유혹을 이겨내고 잘 해낸 오늘이 나의 미래를 바꿉니다.

나의 기록

DAY 69

어떤 종류의 성공이든 인내보다 더 필수적인 자질은 없다.
인내는 거의 모든 것,
심지어 천성까지 극복한다.
- 존 데이비슨 록펠러

할 일 우선순위			시간대별 계획		
순위	내용	체크	시간	내용	체크
1					
2					
3					
4					
5					
6					

세부 계획					
과목	교재/분량				

나탸빼 한마디

인내는 거의 모든 것. 인내는 거의 모든 것. 인내는 거의 모든 것.
인내하는 사람이 이 게임의 승자입니다. '원래 끈기가 없는 사람'은 없습니다. 인내와 끈기, 근성은 누구나
가질 수 있는 무기입니다. 자신을 극복하고 이 무기를 쟁취하세요.

나의 기록

DAY 70

········•••••••••••••••••••••••••• 20 ·   ·   ·

신은 역경을 주어 위대한 사람을 단련시킨다.
불운을 당해보지 않은 사람만큼
불행한 사람은 없다.
불은 금을 단련시키고, 불행은 용감한 자들을 단련시킨다.
- 세네카

할 일 우선순위			시간대별 계획		
순위	내용	체크	시간	내용	체크
1					
2					
3					
4					
5					
6					

세부 계획				
과목	교재/분량			

오늘은 이거 하나만!

나티배 한마디

문제를 틀리고 점수가 내려가는 것을 두려워하지 마세요. 모의고사는 내가 뭐에 약하고 뭐를 채워야 하고 뭘 더 공부해야 하는지를 알기 위한 과정입니다.
애매하게 아는 문제를 맞히고 좋아하는 것만큼 어리석은 일도 없습니다.

나의 기록

중요한 것은 멈추지 않고 계속하는 것

학생들이 간혹 이런 질문을 합니다.

"몸이 너무 아플 때 계속 공부를 해야 할까요? 아니면 회복하고 다시 시작할까요?"

질문에 대해 저는 "그래도 그냥 계속 하라."고 말합니다. 견디세요. 견디면 강해집니다. 물은 100도가 되어야 끓어요. 임계점을 돌파하기 위해서는 버텨야 합니다. 정말 죽을 정도가 아니라면 한번 견뎌 보세요. 그러면 또 참아지고, 그렇게 한 단계 업그레이드하게 됩니다.

혹, 다음 날 하루 쉬는 날이라면 10km 걷기 대회 등에 도전해 보는 것도 좋은 경험이 됩니다. 꼭 뛰지 않더라도 걸어서 목적지에 갈 수 있다는 걸 몸으로 직접 깨달아보는 겁니다.

중요한 것은 중간에 멈추지 않는 것, 포기하지 않고 일단 계속 가야한다는 것입니다. 우리는 그것을 근성이라고 부르고, 이 근성만 있다면 반드시 해낼 수 있습니다.

함수 : 변수 x와 y 사이에 x값이 정해지면 따라서 y값이 정해진다는 관계가 있을 때,
    y는 x의 함수라고 한다.

우리가 배운 함수의 정의역, 공역, 치역은 사실 간단합니다. 정의역은 input, 치역은 output.
집어넣는 것이 무엇이냐에 따라 나오는 게 정해지는 것이죠. 이것은 우리가 하는 공부에
는 물론 우리 삶에도 그대로 적용됩니다. 투입과 산출의 원리에 따라서 말이죠!
여러분은 오늘, 삶에 무엇을 입력하고 계십니까?

✓ _____

✓ _____

✓ _____

✓ _____

✓ _____

11week

가장 탁월한 방법

'어떻게 하면 잘 하게 될까요?'라고 묻는 질문에는
사실 '쉽게'가 생략되어 있습니다.
'어떻게 하면 쉽게 잘 할 수 있을까요?'라는
뜻으로 묻는 거죠.
쉽게 잘 하는 방법은 분명히 있습니다.
그런데 쉽게 잘 해서 오른 점수는 쉽게 다시 떨어집니다.
쉽게 뺀 살이 다시 찌기 쉬운 것처럼요.

여러분, 여러분은 이미 세상 가장 탁월한 방법으로
가고 있습니다.
여기서 뭔가 더 새로운 팁,
수월한 방법 같은 것을 얻으려고 하지 마세요.
우리가 하고 있는 것이 맞습니다.
나의 귀한 계획과 목표에 시선을 맞추고
하던 대로 행동합시다.

나의 일상은 지극히 단조로운 날들의 반복이었다.
잠자고 일어나서 밥 먹고 다시 연습.
어찌 보면 수행자와 같은 하루하루를 불태웠을 뿐이다.
조금 불을 붙이다 마는 것이 아니라,
재까지 한 톨 남지 않도록 태우고 또 태웠다.
그런 매일의 지루한, 그러면서도
지독하게 치열했던 하루의 반복이 지금의 나를 만들었다.

– 강수진

♔ 이번 주 목표

DAY 71

20 . . .

걸음마를 시작하기 전에 규칙을 먼저 공부하는 사람은 없다.
직접 걸어보고 계속 넘어지면서 배우는 것이다.
- 리처드 브랜슨

할 일 우선순위			시간대별 계획		
순위	내용	체크	시간	내용	체크
1					
2					
3					
4					
5					
6					

세부 계획	
과목	교재/분량

나티빠 한마디

잘 외워지지 않는 부분은 덜 암기된 상태에서 일단 문제를 풀어보는 것도 한 방법입니다. 부딪쳐 풀어본 문제를 통해 암기 포인트를 찾은 뒤, 다시 암기해보는 거죠. 완벽하게 갖춘 뒤 해보는 것보다, 일단 해보면서 갖춰가는 것이 더 효율적일 때가 있습니다.

나의 기록

DAY 72

무언가를 해내지 못하는 것은
그 일이 너무 어렵기 때문이 아니라,
어렵다는 생각에 사로잡혀 시도하지 않기 때문이다.
- 세네카

할 일 우선순위			시간대별 계획		
순위	내용	체크	시간	내용	체크
1					
2					
3					
4					
5					
6					

세부 계획	
과목	교재/분량

나티빼 한마디

어려울 것 같다고 생각했던 일은 막상 해보면 그다지 어렵지 않습니다. 그 일을 해낸 사람들을 대단하게 생각했던 자신이 우스울 정도로 별거 아닌 경우도 많아요. 그러니 일단 해봅시다.

나의 기록

DAY 73

20 . . .

사소한 것들이 완벽함을 만들어낸다.
하지만 완벽한 것은 결코 사소한 것이 아니다.
– 미켈란젤로

할 일 우선순위			시간대별 계획		
순위	내용	체크	시간	내용	체크
1					
2					
3					
4					
5					
6					

세부 계획				
과목	교재/분량			

나티쌤 한마디

73일 동안 '오늘은 이거 하나만'을 꾸준히 써온 학생이라면 알 겁니다. '하루에 고작 하나 알고 넘어가서 어느 세월에…'가 아니라 하루에 하나만 확실히 알고 넘어가는 것도 쉽지 않은 일이고, 또 그게 쌓이면 얼마나 강력한 것인지 말이죠. 자, 남은 27일도 하루에 딱 하나만이라도 확실히 알고 넘어가는 하루하루로 채워봅시다.

나의 기록

DAY 74

스트라이크를 당할 때마다
나는 다음번 홈런에 더 가깝게 다가간다.
- 베이브 루스

할 일 우선순위			시간대별 계획		
순위	내용	체크	시간	내용	체크
1					
2					
3					
4					
5					
6					

세부 계획					
과목	교재/분량				

나타쌤 한마디

틀린 문제를 소중히 여기세요. 모르는 부분이 무엇인지 체크하고 알고 넘어갈 수 있는 귀한 기회입니다. 구멍 난 부분을 메워야 점수는 올라갑니다. 틀릴 때마다 여러분은 점수를 올릴 수 있는 기회를 얻는 것입니다.

나의 기록

DAY 75

······················· 🏃 ··· 20 · · ·

매일 정신이 아득할 정도로 많은 시간을 연습에 쏟고 나면
이상한 능력이, 다른 선수들에게는 없는 능력이 생긴다.
예를 들면 투수가 공을 던지기 전부터 그 공이 변화구냐, 직구냐를 알 수 있다.
그리고 날아오는 공이 수박덩어리처럼 크게 보인다.
- 행크 아론

할 일 우선순위			시간대별 계획		
순위	내용	체크	시간	내용	체크
1					
2					
3					
4					
5					
6					

세부 계획					
과목	교재/분량				

나타배 한마디

반복을 이기는 방법은 없습니다. 안 되는 것을 될 때까지 외우고 틀리는 문제를 계속 풀어보는 반복 학습은 사실 말이 쉽지 참 지겹고 답답한 작업입니다. 하지만 그렇게 내 지식이 된 내용은 절대 날아가지 않으며 또 다른 영역의 공부에도 좋은 영향을 끼칩니다. 속는 셈 치고 한번 해보세요.

나의 기록

DAY 76

고민은 어떤 일을 시작해서 생기는 것보다
그 일을 할까 말까 망설이는 데서 더 많이 생긴다.
망설이기보다 차라리 실패를 선택하라.
- 버트런드 러셀

할 일 우선순위			시간대별 계획		
순위	내용	체크	시간	내용	체크
1					
2					
3					
4					
5					
6					

세부 계획					
과목	교재/분량				

나티빠 한마디

걱정도 고민도 마찬가지입니다. 일단 무엇을 하기로 해서 하고 있을 땐, 딱히 별 고민이나 걱정이 생길 수 없습니다. 오늘 내가 세운 계획표를 믿고 다른 걱정이나 고민 없이 따르세요. 여러분은 지금 매우 잘하고 있습니다.

나의 기록

DAY 77

힘은 뼈와 근육에서 나오는 것이 아니라,
불굴의 의지에서 나오는 것이다.
- 간디

할 일 우선순위		
순위	내용	체크
1		
2		
3		
4		
5		
6		

세부 계획	
과목	교재/분량

시간대별 계획		
시간	내용	체크

나티배 한마디

사실 체력은 단련할 수 있는 부분이지만, 타고나는 부분도 아주 없다고 볼 수는 없습니다. 하지만 책상 앞에 오래 붙어 있는 근성은 절대로! 절대로! 체력에서 나오지 않습니다. 근성은 의지입니다. 근성은 마음가짐입니다. 의지나 마음가짐은 나의 선택입니다. 근성을 보여줍시다.

나의 기록

나티배 생각

천재의 다른 이름은
연습

일본 나고야 전기고교 운동장에는 밤바다 귀신이 나온다는 소문이 돌았습니다. 몇 년 후 프로야구 오릭스 팀에서도 같은 소문이 돌았습니다, 바로 몇 년 동안 2군에만 머물던 한 평범한 선수 때문이었지요. 이 선수는 자신의 한계를 넘으려 매일 밤늦게까지 연습에 몰입했습니다.

이 연습벌레는 1984년 메이저리스 시즌 최다 안타를 기록하며 천재타자로 불린 '스즈키 이치로'입니다, 그의 훈련은 남들의 3배가 넘었습니다. 또 다양한 변화구를 대처하기 위해 골프공으로 타격 연습을 했고, 혹시나 탈이 날까 봐 7년 동안 매일 아침 카레만 먹기도 했죠.

그를 천재로 만든 건 다름 아닌 매일 같은 연습, 연습, 연습이었습니다. 누군가 쉽게 뭔가를 잘하는 것처럼 보일 때는 부러워할 게 아니라 그 이면의 피 흘리는 노력을 보아야 합니다. 또 우리 역시 연습과 반복을 통해, 무언가의 천재가 될 수 있다는 사실도 잊지 마시고요.

평균 : 변량의 총합을 변량의 개수로 나눈 값.

평균의 오류라는 말이 있죠. 평균 수심 1.5m 강에서 키가 180m인 사람이 빠져 죽는 이유가 바로 이 평균의 오류 때문입니다. 얕은 곳의 수심은 30cm이지만 가장 깊은 곳은 2m가 훨씬 넘을 수도 있으니까요.

현실을 직시하세요. 남들의 하루 평균 공부시간이 3시간이라고 해서 '남들만큼 3시간 정도 하면 뒤처지진 않겠지.'라고 생각하면 큰 오산이라는 겁니다. 평균에서 벗어납시다. 그것이 오늘날 험난한 이 세상에서 살아남는 방법입니다. 평균을 거부하고 '탁월'을 추구합시다.

✓ _____

✓ _____

✓ _____

✓ _____

12week

오늘

'내일부터' 하는 습관은 빨리 벗어나지 않으면
평생 나를 따라다니며 못살게 굽니다.
내일부터 하기로 한 나태한 오늘은
후회되는 어제를 만들고
그 어제는 쌓이면 돌이킬 수 없는
과거가 됩니다.
이 습관은 비단 공부에만 걸림돌이 되는 게 아니고
사회생활, 건강 심지어 대인관계에도
치명적인 흠집을 낼 수 있어요.
오늘부터 합시다. 어제 못한 게 있다면 오늘 해치웁시다.
오늘 계획은 오늘 모두 깨끗이 끝내고
내일은 또 내일의 '오늘'을 사는 것.
나에게 주어진 '오늘'을 최선을 다해 사는 것.
그런 오늘을 매일 사는 것이
어쩌면 근성의 가장 기본일지도 모르겠습니다.

오늘 하루를 헛되이 보냈다면
그것은 커다란 손실이다.
오늘 하루를 유익하게 보냈다면
보물을 캐낸 것이다.

- 앙리 프레데리크 아미엘

🏠 이번 주 목표

DAY 78

오늘을 붙들어라.
되도록 내일에 의지하지 마라.
그날그날이 1년 중 최선의 날이다.
– 랄프 왈도 에머슨

할 일 우선순위			시간대별 계획		
순위	내용	체크	시간	내용	체크
1					
2					
3					
4					
5					
6					

세부 계획				
과목	교재/분량			

오늘은 이거 하나만!

나의 기록

DAY 79

20 . . .

해야 할 일을 즉각 해치우지 못하고
차일피일 미루거나 조금 뒤에 하겠다고 이야기하는 사람은
모두 약자다.
- 빌 게이츠

할 일 우선순위			시간대별 계획		
순위	내용	체크	시간	내용	체크
1					
2					
3					
4					
5					
6					

세부 계획	
과목	교재/분량

나의 기록

DAY 80

한 번도 꿈꾸지 않았다.
그저 하루하루를 불태웠을 뿐.
- 강수진

할 일 우선순위			시간대별 계획		
순위	내용	체크	시간	내용	체크
1					
2					
3					
4					
5					
6					

세부 계획	
과목	교재/분량

나티쌤 한마디

당장 오늘 공부할 것에만 집중합시다. 굳게 잡은 목표와 꿈은 어디 가지 않으니 그것들을 갈망하는 데에 시간과 에너지를 쏟을 필요는 없습니다. 또 너무 멀리 있다고 좌절할 필요도 없습니다.
우리가 해야 할 일은 언제나 '오늘' 이 하루를 어떻게 보내느냐 입니다.

나의 기록

DAY 81

20 . . .

오늘 할 수 있는 일에 전력을 다한다.
그러면 내일에는 한 걸음 더 진보한다.
- 아이작 뉴턴

할 일 우선순위		
순위	내용	체크
1		
2		
3		
4		
5		
6		

시간대별 계획		
시간	내용	체크

세부 계획	
과목	교재/분량

나티빠 한마디

근성이라는 것은 훈련이 되어 몸에 배고 나면, 일상을 간단하고 쉽게 만들어줍니다. 근성이라는 것은 한 가지 목표에 반응하고 그것에만 집중하도록 도와주기 때문에, 그 외에 복잡한 생각들을 자연스레 작아지게 만들기 때문입니다. 우리는 한 가지 일에 집중하기에도 하루가 부족합니다.

나의 기록

DAY 82

오늘이 무슨 요일인지 몰라요. 날짜도 모르구요.
전 그냥 수영만 해요.
- 마이클 펠프스

할 일 우선순위			시간대별 계획		
순위	내용	체크	시간	내용	체크
1					
2					
3					
4					
5					
6					

세부 계획					
과목	교재/분량				

오늘은 이거 하나만!

나티베 한마디

학교, 집, 독서실… 이 반복을 즐기세요. 쳇바퀴처럼 굴러가는 일상에 푸념하지 말고 받아들이고 감사하게 생각하세요. 오늘 하루도 아프지 않고, 다른 것은 아무 신경 쓸 것 없이 오로지 '공부'만 할 수 있는 이 환경과 일상은 엄청난 축복입니다.

나의 기록

DAY 83

20 . . .

당신의 인생은 당신이 하루 종일
무슨 생각을 하는지에 달려 있다.
- 랄프 왈도 에머슨

할 일 우선순위			시간대별 계획		
순위	내용	체크	시간	내용	체크
1					
2					
3					
4					
5					
6					

세부 계획	
과목	교재/분량

나티배 한마디

인생이 내가 생각하는 대로 나타난다는 것은 매우 희소식입니다. 왜냐하면 우리는 생각을 골라서 할 수 있기 때문입니다. 무의식적으로 '못해' '어려워' 같은 생각이 머릿속에 가득하다면 이젠 의식적으로 '해보자' '할 수 있어' 등의 생각만 골라 다시 채워보세요.

나의 기록

DAY 84

20 . . .

나는 천천히 가는 사람입니다.
그러나 절대 뒤로는 가지 않습니다.
- 에이브러햄 링컨

할 일 우선순위			시간대별 계획		
순위	내용	체크	시간	내용	체크
1					
2					
3					
4					
5					
6					

세부 계획	
과목	교재/분량

나디뻬 한마디

빨리 가는 것보다 제대로 가는 것이 중요합니다. 서두르지 않고 초조해하지 않는 것이 중요합니다. 누군가
와의 비교를 통해 나의 위치를 재단하지 말고, 어제의 나보다 한 발이라도 더 나아간 오늘의 나를 생각하세
요. 한 걸음이라도 제대로 나아갔다면 잘한 겁니다.

나의 기록

오늘 당장 시작한다면
아무것도 늦은 게 없다

　제자 중에 고2때까지는 공부를 꽤 잘하다가 고3이 되어 슬럼프에 빠진 친구가 하나 있었습니다. 공부할 시간에 영화를 보고 자율학습을 밥 먹듯이 빠지면서 소홀히 하더니, 결국 상상도 못했던 수능 점수로 지방대에 갈 성적을 받았습니다. 그제야 정신이 든 친구가 절망에 빠져 저에게 상담을 하러 왔을 때, "인생에서 1년 늦는 건 사실 별거 아니란다. 지금이라도 마음먹고 공부하면 너는 반드시 해낼 수 있어."라고 말해주었습니다.

"늦지 않았다."는 말에 "그쵸? 선생님 1년 늦는 건 아무것도 아니죠?"라며 화색이 돌던 제자의 얼굴이 생생합니다. 그때, 덧붙였던 말이 있습니다.

"정말로 전혀 늦지 않았다. 다만, 네가 오늘부터 시작한다면."

제자는 그날부터 1년 동안 열심히 공부했고, 현재는 의대에 진학해 의학도의 길을 걷고 있습니다.

실패는 누구나 할 수 있습니다. 중요한 것은 실패를 통해 절실함을 배우고 다시 시작하는 행동력입니다. 그 행동력은 바로 '오늘'에서 나옵니다. 내일부터는 없습니다. 우리에겐 오늘만이 있습니다.

최대최소 정리 : 함수가 닫힌구간에서 연속이면 그 구간 안에 반드시 최댓값과 최솟 값을 갖는다.

우리 인생은 태어남과 죽음이라는 구간에 존재합니다. 그 안에서 가장 좋은 날은 단 하루고 가장 슬픈 날도 단 하루입니다. 하지만 사람들은 이 사실을 때때로 잊고 살죠. 마치 자신의 삶이 무한한 것처럼 말입니다.

우리는 좀 다르게 살아볼까요? 우리 삶에 있어 가장 좋은 날은 아직 오지 않았고, 가장 슬픈 날은 이미 지나갔다고 생각하면 하루하루 살 만한 날이 될 것입니다!

이번 주 목표 체크

✓ _____

✓ _____

✓ _____

✓ _____

13week

다시, 마음가짐

어린 시절부터 '자세를 바르게 해라'라는 말을 참 많이 들었죠.
공부할 때, 밥 먹을 때, 인사할 때…
올바른 자세로 임하라는 뜻인데,
해보신 분들은 알겠지만 이게 참 어렵습니다.
약간 구부정한 자세로 있으면 몸은 더 편하거든요.
특히 책상 앞에서.
그런데 책상 앞에 오래 앉아 있어 허리와 어깨가 아프다고
호소하는 학생들이 많은데, 대체로 자세의 문제가 많습니다.
처음에는 조금 힘들어도 자세를 바르게 잡고 있다 보면
오래, 아프지 않고 지속적으로 앉아 있을 수 있죠.
그렇다면 지금 '마음의 자세'는 어떤가요?
100일 완성을 발치에 둔 시점에서
약간 구부정하게 있진 않나요?
자, 이쯤에서 우리 마음의 자세를 바로 잡아줍시다.
우리 목표의 그날까지 아프지 않고 꼿꼿하게 갈 수 있도록!

태도는 나의 과거를 보여주는 도서관,
나의 현재를 말해주는 대변인,
나의 미래를 말해주는 예언자,
인생이 우리를 대하는 태도는
내가 인생을 대하는 태도에 달려 있다.
태도가 결과를 결정한다.

− 존 맥스웰

🏠 이번 주 목표

DAY 85

나는 운을 믿습니다.
그런데 나는 운이 나쁜 편입니다.
그래서 이를 이겨내기 위해 늘 계획을 짜고 실천합니다.
- 나폴레옹

할 일 우선순위				시간대별 계획		
순위	내용	체크	시간	내용		체크
1						
2						
3						
4						
5						
6						

세부 계획	
과목	교재/분량

나의 기록

DAY 86

믿음은 아직 당장 눈에 보이지 않는 것을 믿는 것이다.
그리고 이 믿음에 대한 보상은
당신이 믿은 대로 보게 된다는 것이다.
- 성 아우구스티누스

할 일 우선순위			시간대별 계획		
순위	내용	체크	시간	내용	체크
1					
2					
3					
4					
5					
6					

세부 계획					
과목	교재/분량				

오늘은 이거 하나만!

나티배 한마디

노력한 만큼 얼마나 성장했는지 눈으로 볼 수 없을 때 가장 답답하고 힘듭니다. 한두 달 열심히 했다고 점수가 눈에 띄게 오르기 힘든 게 사실이기도 하고요.
하지만 늘 그렇듯 노력의 성과는 잠정적으로 쌓이다가 터지는 것. 지금 당장 보이지 않는다고 좌절하지 마십시오. 그리고 오늘 하루 최선을 다한 나를 믿으세요. 오늘도 근성은 더 단단해졌습니다.

나의 기록

DAY 87

만일 지금 성실하게 일하는 것밖에 내세울 것이 없다고 한탄하고 있다면
그 우직함이야말로 가장 감사해야 할 능력이라고 말하고 싶다.
지속의 힘, 지루한 일이라도 열심히 계속 해나가는 힘이야말로
인생을 보다 가치 있게 만드는 진정한 능력이다.
- 이나모리 가즈오

할 일 우선순위			시간대별 계획		
순위	내용	체크	시간	내용	체크
1					
2					
3					
4					
5					
6					

세부 계획				
과목	교재/분량			

나티빠 한마디

매일 반복되는 공부… 학교를 벗어나면 별 다를 것 있겠냐 싶지만 또 매일 반복되는 회사, 일… 우리는 어쩌면 '매일 반복되는'으로 가득한 인생을 살고 있는지도 모릅니다. 그래서 우리는 '매일 반복되는' 지루함을 잘 극복하는 힘, 지속적으로 하는 힘이 필요합니다. 그래야 공부뿐만이 아닌 인생 전체를 제대로 살아갈 수 있습니다.

나의 기록

DAY 88

이 세상에서 가장 강한 사람이란
내가 이 일을 해야만 하는 이유를
분명히 깨달은 사람이다.
- 니체

할 일 우선순위		
순위	내용	체크
1		
2		
3		
4		
5		
6		

시간대별 계획		
시간	내용	체크

세부 계획	
과목	교재/분량

오늘은 이거 하나만!

나티쌤 한마디

무슨 일이든 '왜'가 가장 중요합니다. '왜'에 대한 답을 명확히 할 수 있어야 '어떻게'도 제대로 나올 수 있기 때문입니다. 해야 할 이유가 명확한 사람은 행동에 힘이 있습니다. 지금 우리가 '왜' 근성을 키우고, '왜' 이 다이어리를 쓰며, '왜' 공부하고 있는지 다시 한 번 더 명확히 합시다.

나의 기록

DAY 89

● ● ● ● ● ● ● ● ● ● ● ● 🏃 20 · · ·

행복의 비밀은 자신이 좋아하는 일을 하는 것이 아니라
자신이 하는 일을 좋아하는 것이다.
- 앤드류 매튜스

할 일 우선순위			시간대별 계획		
순위	내용	체크	시간	내용	체크
1					
2					
3					
4					
5					
6					

세부 계획					
과목	교재/분량				

나티배 한마디

사람들은 '동기 부여'를 받기 위해 책을 읽고 성공한 사람의 강연을 듣습니다. 하지만 자신을 움직이게 만드는 강력한 동기는, 자기 자신만이 부여할 수 있습니다. 스스로에게 끊임없이 동기 부여할 수 있는 에너지는 바로 근성에서 나옵니다. 여기까지 달려온 여러분에게는 그럴 만한 근성이 충분히 있습니다.

나의 기록

DAY 90

····································· 🏃 ··· 20 · · ·

성공하는 사람들은 자기가 바라는 환경을 찾아낸다.
발견하지 못하면 자기가 만든다.
- 조지 버나드 쇼

할 일 우선순위			시간대별 계획		
순위	내용	체크	시간	내용	체크
1					
2					
3					
4					
5					
6					

세부 계획	
과목	교재/분량

오늘은 이거 하나만!

나티빠 한마디

집중이 잘 되는 특정 장소만 고집하는 학생들이 종종 있는데, 그렇게 되면 그곳이 아닌 곳에서는 제대로 공부하기 어렵습니다. 차라리 어디서든 집중할 수 있도록 훈련하는 것이 좋습니다.
혹은, 집중이 덜 되는 곳에서는 이 과목을, 집중이 잘 되는 곳에서는 저 과목을⋯ 이런 식으로 전략적으로 대응하는 것도 한 방법입니다.

나의 기록

DAY 91

20 . . .

당신이 자신을 2위로 만족한다고 말하면,
당신의 인생은 그렇게 되기 마련이라는 것을 나는 깨달았다.
– 존 F. 케네디

할 일 우선순위		
순위	내용	체크
1		
2		
3		
4		
5		
6		

세부 계획	
과목	교재/분량

시간대별 계획		
시간	내용	체크

나티빼 한마디

목표를 적당히 잡지 마세요. '이 정도면 해볼 만하겠다'라며 세운 목표는 정말 딱 그 정도까지만 하게 합니다. 이런 관성은 훗날 나를 '딱 그 정도의 사람'으로 만듭니다.

나의 기록

여기까지 달려온
우리의 값진 노력

미 해병대 체스티 풀러 장군은 아군이 적군에게 완전히 포위돼 고립됐다는 보고를 받고 이렇게 말했다고 합니다.

"우리는 포위됐다. 그 덕분에 문제는 간단하다. 이제 우리는 모든 방향으로 공격할 수 있다!"

체스티 풀러 장군의 군대는 결국 이 전투에서 승리했습니다.

마음먹기에 따라 상황은 언제나 급반전되고, 판은 뒤집어질 수 있습니다. 그건 대단한 사람들이 이루는 업적이 아니라 마음먹기를 달리한 사람들이 얻는 당연한 결과입니다.

누구나 할 수 있는 일입니다.

절댓값 : 수직선 위의 원점(0)에서 어떤 점까지의 거리. 따라서 절댓값은 항상 0보다 크거나 같고 0의 절댓값은 0이다. 절댓값을 나타내는 기호는 '| |'이다.

절댓값은 오로지 크기만 생각합니다. 부호는 생각하지 않습니다.
하나의 목표! 가장 중요한 것! 그것 하나에만 집중하십시오! 절댓값을 통해 우리는 하나의 가장 중요한 목표만 생각하는 훈련을 할 수 있습니다. 어느 순간에도 희망을 잃지 않는 '절대 긍정'을 생활화한다면 우리는 목표를 이룰 수 있을 것입니다.
가장 중요한 것은 마음입니다.

이번 주 목표 체크

✓

✓

✓

✓

14 week

마무리

이제 '거의' 다 왔습니다.
우리는 지난 13주 동안 한 주 한 주를 최선을 다했습니다.
물론 아닌 날도 있었겠죠. 덜 한 날도 있을 것이고,
어쩌면 아예 다이어리를 펼치기도 싫은 날이 있었을 겁니다.
괜찮습니다. 그럼에도 불구하고 지금 이 장을 펼친 당신은
'멈추지 않고' 여기까지 왔습니다.
어쩌면 구멍 난 날들에 대한 미련을 이번 한 주로 인해
만회할 수도 있습니다.
언제나 마무리가 중요하니까요.
1week의 1DAY '나의 기록'에 무엇이 적혀 있었는지
다시 펼쳐보세요.
그리고 마지막 주를 힘차게 시작해봅시다!

말을 타고 갈 수도 있고, 차로 갈 수도 있다.
둘이서, 아니면 셋이서 갈 수도 있다.
그러나 마지막 한 걸음은 혼자서 가야 한다.
그것이 인생이다.

— 헤르만 헤세

🏠 이번 주 목표

DAY 92

월등한 성과를 거둔 사람과 무난한 성과를 거둔 사람은
사실 비슷한 분량의 일을 한다.
다만 차이가 있다면 전자가 후자보다
조금 더 노력한다는 것이다.
하지만 이 작은 차이가 성공과 실패라는 전혀 다른 결과를 가져온다.
- 존 템플턴

할 일 우선순위			시간대별 계획		
순위	내용	체크	시간	내용	체크
1					
2					
3					
4					
5					
6					

세부 계획					
과목	교재/분량				

모든 결과의 차이는 아주 미묘하고 작은 것에서부터 시작됩니다. 하루 5분 더, 한 문제 더… 같은 것들이 쌓여서 더한 쪽과 덜한 쪽의 결과를 아주 다르게 만들죠. 별 거 아닌 것을 조금 더, 매일 하는 것. 이미 우리는 근성을 키우지 않은 사람들과 많은 차이를 두고 있습니다.

DAY 93

●●●●●●●●●●●●●●●●●●●●●●●●●● 20 ● ● ●

우리가 잘못된 길에 빠지는 건
뭔가를 몰라서가 아니라
다 안다고 확신하기 때문이다.
- 마크 트웨인

할 일 우선순위			시간대별 계획		
순위	내용	체크	시간	내용	체크
1					
2					
3					
4					
5					
6					

세부 계획	
과목	교재/분량

나타배 한마디

자신 있는 과목도 긴장의 끈을 놓지 않는 것이 중요합니다. 지속적으로 1등급을 유지하고 있는 과목일수록 점수가 떨어지기 쉽습니다. 이젠 이 과목은 "됐다!"싶은 마음이 들기 때문입니다.

어느 정도 "됐다"싶을 때 한 번 더, 조금 더 보태어 하는 것이 점수를 더 단단하게 만들 것입니다.

나의 기록

DAY 94

끝날 때까지 끝난 게 아니다.
- 요기 베라

할 일 우선순위			시간대별 계획		
순위	내용	체크	시간	내용	체크
1					
2					
3					
4					
5					
6					

세부 계획	
과목	교재/분량

오늘은 이거 하나만!

나의 기록

DAY 95

····················· 🏃 20 . . .

시작하는 재주는 위대하지만
마무리 짓는 재주는 더 위대하다.
- 헨리 롱펠로

할 일 우선순위			시간대별 계획		
순위	내용	체크	시간	내용	체크
1					
2					
3					
4					
5					
6					

세부 계획					
과목	교재/분량				

나티빼 한마디

시작이 반이지만, 100으로 마무리 하지 않으면 그 일은 99까지 했든 99.9까지 했든 반 토막 난 일이 됩니다. 어떤 일이든 마무리가 중요한 이유가 바로 이것입니다.

나의 기록

DAY 96

20 . . .

끝나버리기 전까지 무슨 일이든
불가능하다고 생각하지 마라.
- 키케로

할 일 우선순위			시간대별 계획		
순위	내용	체크	시간	내용	체크
1					
2					
3					
4					
5					
6					

세부 계획	
과목	교재/분량

나의 한마디

종료 1분 전 동점골, 역전골을 성공시키며 승리하는 축구 시합을 우리는 종종 보았죠. 그 통쾌한 역전승에 우리는 환호합니다. 만약 그라운드의 선수들이 '이미 졌어…'라고 낙담하여 남은 1분을 대충 뛰었다면 과연 역전승 같은 것이 존재할 수 있을까요? 끝나기 전까지 불가능한 것은 아무것도 없습니다.

나의 기록

DAY 97

••••••••••••••••• 🏃 20 • • •

약간의 추가적인 노력이
'승리자'와 '승리자가 될 수 있었는데'를 갈라놓는다.
- 지그 지글러

할 일 우선순위			시간대별 계획		
순위	내용	체크	시간	내용	체크
1					
2					
3					
4					
5					
6					

세부 계획					
과목	교재/분량				

나티쌤 한마디

99도와 100도는 단 1도 차이지만, 그 1도 차이 때문에 99도는 끓지 못합니다. 우리는 이 1도를 해내는 사람들이어야만 합니다. 99도까지는 누구나 올 수 있습니다. 하지만 근성을 가진 우리는 1도를 해내어 월등히 나은 사람이 될 수 있습니다. 이미 그렇게 해왔고 앞으로도 그럴 것입니다.

나의 기록

DAY 98

믿어라.
그러나 확인하라.
- 로널드 레이건

할 일 우선순위			시간대별 계획		
순위	내용	체크	시간	내용	체크
1					
2					
3					
4					
5					
6					

세부 계획				
과목	교재/분량			

오늘은 이거 하나만!

나티삐 한마디

믿음은 확인에서 나옵니다. 마지막까지 확인하고 또 확인하는 행동은 나의 믿음을 더욱 굳건하게 해줍니다. 그리고 자신감은 바로 그 믿음으로부터 나오게 됩니다. 스스로를 믿는 마음이 곧 자신감이기 때문입니다. 스스로에 대한 조금의 의심도 남지 않을 때까지 확인하고 또 확인합시다.

나의 기록

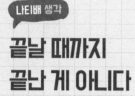
나티백 생각

끝날 때까지
끝난 게 아니다

　스페인의 작곡가이자 첼로 연주가인 파블로 카잘스가 말년에 한 기자
와 인터뷰를 했습니다.
"당신은 이제 95세가 되었고, 이제껏 살아왔던 사람들 중에 가장 위대한
첼로 연주가입니다. 그런데 왜 지금도 하루 6시간씩 연습을 하십니까?"
라고 기자가 물었습니다.
"나는 지금도 발전할 수 있다고 믿기 때문에 연습합니다."라고 카잘스가
대답했습니다.
이 정도면 됐다 싶을 때 그때 한 번 더 하세요. 이제 거의 다 왔다 싶겠지
만 끝날 때까지 끝난 것이 아닙니다.
끝까지 완전하게 마무리합시다.

진법 : 수를 표기하는 기수법의 하나. 십진법, 이진법 따위가 있다.

진법은 생각하는 방법의 개수입니다. 한때, 영국은 '해가 지지 않는 나라'로 불리며 세계를 제패했던 적이 있습니다. 당시 다른 나라들은 보통 10진법을 썼지만, 영국은 12진법을 쓰고 있었죠.

지금 바로 여러분이 먹고 싶은 것 10가지를 떠올려보세요. 처음에는 쉽게 생각나지만 뒤로 갈수록 떠올리는 데 시간이 걸립니다. 그렇다면 이번에는 12가지를 생각해볼까요. 10가지 다 찾은 사람도 마지막 2가지는 좀 더 고민해야 할 것입니다. 바로 이 2가지를 더 생각하는 힘이 영국을 '해가 지지 않는 나라'로 만들었던 것이 아닐까요?

이번 주 목표 체크

✓ _____

✓ _____

✓ _____

✓ _____

DAY 99

20 . . .

자신을 통제하는 습관을 가져라.
인격이 성공의 밑천임을 기억하라!
- 빌 게이츠

할 일 우선순위		
순위	내용	체크
1		
2		
3		
4		
5		
6		

세부 계획	
과목	교재/분량

시간대별 계획		
시간	내용	체크

나티쌤 한마디

지금 현재의 점수, 등급은 '과정'의 일부분일 뿐입니다. 물론, 내가 어디까지 왔고 무엇을 더 어떻게 해야 할지 알려주는 중요한 지표인 건 맞습니다만, 그 점수로 훗날이 정해지는 건 아닙니다.
현재의 점수, 등급보다 중요한 것은 그것들에 대한 나의 태도입니다. 절망하거나 들뜨는 것이 아니라, 받아들이고 부족한 부분을 확인하는 현명한 자세가 필요합니다.

나의 기록

DAY 100

● ● ● ● ● ● ● ● ● ● ● ● ● ● ● ● ● ● ● ⫶ 20 ● ● ●

적은 밖에 있는 것이 아니라 내 안에 있었다.
나는 내게 거추장스러운 것을 깡그리 쓸어버렸다.
나를 극복하는 그 순간,
나는 칭기즈칸이 되었다.
- 칭기즈칸

할 일 우선순위			시간대별 계획		
순위	내용	체크	시간	내용	체크
1					
2					
3					
4					
5					
6					

세부 계획	
과목	교재/분량

나티배 한마디

나 스스로를 극복하는 순간이 있습니다. 정말 어렵고 힘든 시간을 이겨내고 맞이하는 그 순간, 우리는 알이 아닌 병아리가 됩니다. 깨지지 않고 깨친 병아리는 이제 날개를 퍼덕일 수 있습니다.
여러분은 오늘 스스로를 극복하였고, 이제 무엇이든 할 수도 있고 될 수도 있습니다. 수고하셨습니다.

나의 기록

이제 우리는 무엇이든
할 수 있습니다.

자, 이제 100일의 대장정이 마무리되었습니다.

먼저 자신에게 진심으로 고마워하는 시간을 갖길 바랍니다. 충분히 칭찬해주고 자기 자신을 자랑스럽게 여겨보세요.

물론 이 100일이 끝났다고 모든 게 끝난 것도 아니고, 100일을 해냈다고 시험에서 성공을 거둔 것도 아닙니다.

그러나 우리는 우리 자신이 멈추지 않고 무언가 하나를 해내는 사람이라는 것을 스스로 증명했습니다. 스스로 증명한 만큼 '자기 자신'은 알죠. 나에게 있는 가능성의 에너지를 몸소 느낄 수 있습니다.

"아, 내가 다음번에도 해낼 수 있겠구나!"

이 성취감과 자신감을 가진 사람과 그렇지 못한 사람은 공부하는 데 있어서뿐만 아니라 인생을 살아가는 데 있어서도 큰 차이를 보입니다.

여러분은 인생을 살아가는 데 있어 큰 무기를 가진 셈입니다. 이 무기를 하나 갖기 위해 지난 100일 동안 많은 유혹들과 싸웠죠. 쉽게 온 100일이라면 당연히 무기가 될 수 없지만 어렵게 이루고, 힘들게 가진 만큼 이건 완전히 나의 것입니다.

여러분은 이제 목표를 가질 줄 알고, 계획을 세울 수 있고, 그것을 실천하는 힘도 가지고 있습니다. 무엇이든 할 수 있는 '근성' 있는 사람입니다. 앞으로 여러분은 꼭 이 다이어리가 아니더라도, 얼마든지 자신에게 잘 맞는 방식으로 시간을 운영할 수 있습니다.

결전의 날까지 앞으로 남은 시간 동안 더 멋지게 발전할 자신의 모습을 그려보세요. 또 어떤 어려움과 인내를 통해 레벨업할지, 더 단단한 사람이 될지 생각만 해도 설레지 않나요?

그 여정에도 저 나티배는 여러분과 늘 함께 하겠습니다.

여러분! 100일 동안 정말 수고 많았습니다!
근성!!!

나티배 드림

100일 완성 근성 다이어리

2016년 12월 30일 초판 1쇄 발행
지은이 · 나티배

펴낸이 · 김상현, 최세현
책임편집 · 김형필, 허주현, 조아라 | 디자인 · 이정현

마케팅 · 권금숙, 김명래, 양봉호, 최의범, 임지윤, 조히라
경영지원 · 김현우, 강신우 | 해외기획 · 우정민
펴낸곳 · (주)쌤앤파커스 | 출판신고 · 2006년 9월 25일 제406-2012-000063호
주소 · 경기도 파주시 회동길 174 파주출판도시
전화 · 031-960-4800 | 팩스 · 031-960-4806 | 이메일 · info@smpk.kr

ⓒ나티배(저작권자와 맺은 특약에 따라 검인을 생략합니다)

쌤앤파커스(Sam&Parkers)는 독자 여러분의 책에 관한 아이디어와 원고 투고를 설레는 마음으로 기다리고 있습니다. 책으로 엮기를 원하는 아이디어가 있으신 분은 이메일 book@smpk.kr로 간단한 개요와 취지, 연락처 등을 보내주세요. 머뭇거리지 말고 문을 두드리세요. 길이 열립니다.